Hans-Martin Breuning

Ermutigung zum Leben

Hans-Martin Breuning

Ermutigung zum Leben

Predigten

Fromm Verlag

Imprint

Cover image: www.ingimage.com

Publisher:
Fromm Verlag
is a trademark of
International Book Market Service Ltd., member of OmniScriptum Publishing Group
17 Meldrum Street, Beau Bassin 71504, Mauritius

Printed at: see last page
ISBN: 978-620-2-44117-9

Ermutigung zum Leben

Predigten

Hans-Martin Breuning

Für Ingrid

Inhalt

3. Brot auf unseren Wegen

4. Spuren neuen Lebens

Vorwort

'Ermutigung zum Leben' – das wollen diese Predigten sein, die im Laufe der letzten Jahre entstanden sind, Ermutigung zum Leben aus der Mitte der biblischen Botschaft und der christlichen Tradition heraus. In den biblischen Überlieferungen spiegeln sich menschliche Urerfahrungen vom Glück und den Mühen des Lebens, von Leid und Schuld, von Enttäuschungen und großen Hoffnungen.
Die Menschen, die die unterschiedlichen Erzählungen, Lieder und Briefe gesammelt und in ihrer Situation weitergegeben haben, sehen in ihrer jüdischen und christlichen Glaubenstradition einen Deutungshorizont, der ihrem Leben Sinn gibt. Es ist das mutige Vertrauen, von einer Liebe umgeben zu sein, die 'das Leben will', und die Wege öffnen kann auch noch dort, wo menschliche Wege an ihre Grenze kommen. Es ist dieser 'größere Horizont' einer Liebe, die in der Gestalt Jesu aufleuchtet und alles denkbare menschliche Leben umfasst.

Die Predigten sind im Gespräch des Predigers mit der biblischen Botschaft, eigenen Erfahrungen und in den Begegnungen im Gemeindealltag und in seiner Tätigkeit als Lehrsupervisor für Klinischen Seelsorgeausbildung entstanden. Trotz des sorgfältig formulierten Wortes sind sie auf Dialog angelegt und klingen im jeweiligen gottesdienstlichen Kontext oft anders als im gedruckten Text. Dies ist der Hintergrund ihrer sprachlichen Form, die manche grammatikalisch unvollständigen Sätze oder rhetorische Einschübe enthält.

Den Predigten wurden Gebete hinzugefügt, die in Erinnerung rufen, dass die Predigt immer Teil eines Gottesdienstes ist, der für die Besucher und Besucherinnen als Ganzes – im Singen und Beten, in der Stille und im Hören - zur 'Ermutigung zum Leben' werden soll.

Danken möchte ich meiner Frau, die als Theologin und Lebensberaterin in vielen Gesprächen meine Predigten aufmerksam, wertschätzend und kritisch begleitet und den Anstoß zur Veröffentlichung gab. Sie hat die Auswahl der Predigten mit bestimmt und mich als Lektorin tatkräftig unterstützt.

Ich wünsche diesem Buch,
dass es für die Leserinnen und Leser zu einer 'Ermutigung zum Leben' wird.

Friedrichshafen-Manzell im Oktober 2018

1. Einführung in das Leben

zu Psalm 91

Du unser Gott in Jesus Christus,

du bist uns nahe,
bist bergender Schutz
und rettender Halt,
behütender Engel
auf unseren Wegen,
in den Auseinandersetzungen
mit den Mächten,
die uns bedrängen,
in dem Zwiespalt,
das Gute zu wollen
und das Gegenteil zu tun,
in der Versuchung,
letztendlich alles
selbst zu können.

Dennoch hältst du, Gott, zu uns,
hältst uns fest in deiner Liebe.
Dafür danken wir dir
und bitten dich:
fülle uns neu
mit dem Mut des Glaubens,
mit der Klarheit deines Geistes,
mit der Kraft deiner Liebe.
Amen

Einführung in das Leben

1. Mose 3,1-24

Und die Schlange war listiger als alle Tiere auf dem Felde, die Gott der HERR gemacht hatte, und sprach zu der Frau: Ja, sollte Gott gesagt haben: Ihr sollt nicht essen von allen Bäumen im Garten?
2 Da sprach die Frau zu der Schlange: Wir essen von den Früchten der Bäume im Garten;
3 aber von den Früchten des Baumes mitten im Garten hat Gott gesagt: Esset nicht davon, rühret sie auch nicht an, dass ihr nicht sterbet!

4 Da sprach die Schlange zur Frau: Ihr werdet keineswegs des Todes sterben,
5 sondern Gott weiß: an dem Tage, da ihr davon esst, werden eure Augen aufgetan, und ihr werdet sein wie Gott und wissen, was gut und böse ist.
6 Und die Frau sah, dass von dem Baum gut zu essen wäre und dass er eine Lust für die Augen wäre und verlockend, weil er klug machte. Und sie nahm von seiner Frucht und aß und gab ihrem Mann, der bei ihr war, auch davon und er aß.
7 Da wurden ihnen beiden die Augen aufgetan und sie wurden gewahr, dass sie nackt waren, und flochten Feigenblätter zusammen und machten sich Schurze.
8 Und sie hörten Gott den HERRN, wie er im Garten ging, als der Tag kühl geworden war. Und Adam versteckte sich mit seiner Frau vor dem Angesicht Gottes des HERRN zwischen den Bäumen im Garten.
9 Und Gott der HERR rief Adam und sprach zu ihm: Wo bist du?
10 Und er sprach: Ich hörte dich im Garten und fürchtete mich; denn ich bin nackt, darum versteckte ich mich.
11 Und er sprach: Wer hat dir gesagt, dass du nackt bist? Hast du gegessen von dem Baum, von dem ich dir gebot, du solltest nicht davon essen?
12 Da sprach Adam: Die Frau, die du mir zugesellt hast, gab mir von dem Baum und ich aß.
13 Da sprach Gott der HERR zur Frau: Warum hast du das getan? Die Frau sprach: Die Schlange betrog mich, sodass ich aß.
14 Da sprach Gott der HERR zu der Schlange: Weil du das getan hast, seist du verflucht vor allem Vieh und allen Tieren auf dem Felde. Auf deinem Bauche sollst du kriechen und Staub fressen dein Leben lang.
15 Und ich will Feindschaft setzen zwischen dir und der Frau und zwischen deinem Samen und ihrem Samen; er wird dir den Kopf zertreten, und du wirst ihn in die Ferse stechen.
16 Und zur Frau sprach er: Ich will dir viel Mühsal schaffen, wenn du schwanger wirst; unter Mühen sollst du Kinder gebären. Und dein Verlangen soll nach deinem Mann sein, aber er soll dein Herr sein.
17 Und zum Mann sprach er: Weil du gehorcht hast der Stimme deiner Frau und gegessen von dem Baum, von dem ich dir gebot und sprach: Du sollst nicht davon essen –, verflucht sei der Acker um deinetwillen! Mit Mühsal sollst du dich von ihm nähren dein Leben lang.
18 Dornen und Disteln soll er dir tragen, und du sollst das Kraut auf dem Felde essen.

19 Im Schweiße deines Angesichts sollst du dein Brot essen, bis du wieder zu Erde wirst, davon du genommen bist. Denn Staub bist du und zum Staub kehrst du zurück.
20 Und Adam nannte seine Frau Eva; denn sie wurde die Mutter aller, die da leben.
21 Und Gott der HERR machte Adam und seiner Frau Röcke von Fellen und zog sie ihnen an.
22 Und Gott der HERR sprach: Siehe, der Mensch ist geworden wie unsereiner und weiß, was gut und böse ist. Nun aber, dass er nur nicht ausstrecke seine Hand und nehme auch von dem Baum des Lebens und esse und lebe ewiglich!
23 Da wies ihn Gott der HERR aus dem Garten Eden, dass er die Erde bebaute, von der er genommen war.
24 Und er trieb den Menschen hinaus und ließ lagern vor dem Garten Eden die Cherubim mit dem flammenden, blitzenden Schwert, zu bewachen den Weg zu dem Baum des Lebens. (1. Mose 3, 1-24, Luther 1984).

Liebe Gemeinde,
das Predigtwort für diesen Sonntag haben Sie zuvor als Schriftlesung gehört, die alte Geschichte, die in der Lutherbibel überschrieben ist: der Sündenfall. Diese Erzählung, die sich tief in das kollektive Gedächtnis eingeprägt hat mit Zitaten und sprichwörtlichen Redewendungen vom Sündenfall, vom Apfel, von der Schlange, vom Feigenblatt und all den Szenen, die wir dabei vor uns sehen:
Die ersten Menschen in diesem paradiesischen Garten, der ihnen in seiner Fülle zur Verfügung steht mit nur einer Einschränkung, diesem Baum in der Mitte, dem Baum der Erkenntnis des Guten und Bösen, von dem zu essen verboten ist. Eva, die nach den Früchten schaut und sich von der Schlange verführen lässt und Adam, der ohne zu zögern mitmacht. Und wie sie letztendlich die Konsequenzen ihres Tuns tragen müssen: Vertrieben aus dem Paradies erwartet sie die Mühsal der Arbeit, die Spannung in den Beziehungen der Geschlechter, die Schmerzen der Geburt und die unendlich leidvolle Geschichte, die sich mit dem Wissen um Gut und Böse entwickelt.
Das Fazit wird in einem alten Kirchenlied festgehalten "Durch Adams Fall ist ganz verderbt menschlich Natur und Wesen" – die ganze Misere unseres menschlichen Daseins hat dort ihren Anfang genommen. Hätte sich Eva an das Gebot gehalten, wir lebten weiterhin im Paradies. Es bleibt dieser düstere Eindruck, dass wir an unserem Schicksal selbst schuld sind, ja mit der daraus

entwickelten Lehre von der Erbsünde, dass wir gewissermaßen genetisch unter dieser Schuld leiden und mit dieser Schuld leben müssen – bis heute..

So gesehen ist diese alte Geschichte
eine sehr pessimistische
und düstere Deutung
der Menschengeschichte

So gesehen ist diese alte Geschichte eine sehr pessimistische und düstere Deutung der Menschengeschichte, die die ganze Verantwortung geradezu schicksalhaft und unausweichlich dem Menschen als schwere Last auf die Schulter legt.

Ich wage, sie heute etwas anders zu lesen, nicht aus der Perspektive des 'verdorbenen' Menschen, sondern als Geschichte Gottes mit dem Menschen unter der Überschrift: Wie Gott den Menschen in das Leben einführt. In das Leben in dieser Schöpfung mit der ganzen Fülle der Möglichkeiten, die er in sie gelegt hat, die er dort in dem paradiesischen Garten ausbreitet. Und mitten drin die Menschen aus seiner Hand, mit seinen Händen geformt, mit seinem Lebensodem erfüllt wie neu geborene Kinder in inniger Verbindung mit ihrer Mutter, dem Ursprung und Lebensgrund, leben und atmen.

Ich wage, sie zu lesen als Geschichte,
wie Gott den Menschen
in das Leben einführt,

Alles ist da und alles ist gut, das Leben ein wundersamer Garten, und die Augen des Schöpfers ruhen auf den Geschöpfen wie die Eltern auf ihr Kind schauen, wenn es auf dem Spielplatz glücklich hin und her rennt, spielt und schaukelt, wenn sie am Abend an seinem Bettchen stehen und - wie es im Segen im Gottesdienst heißt – 'ihr Angesicht leuchten lassen' über ihrem Kind.
Das Paradies mit den Augen Gottes – der liebevolle Blick auf seine Schöpfung, über seinen Geschöpfen. Das ist der paradiesische Anfang.

Aber das bleibt nicht so. Eltern wissen das und Gott führt seine Kinder heran und hinein in das Leben, in die Konflikte, in die Mühen des Lebens. Er stellt den Baum der Erkenntnis in den Garten und sagt: Alles, aber das nicht. Alles, aber an Mutters Sachen, an Vaters Schreibtisch hast du nichts zu suchen,

Messer, Gabel, Schere, Licht sind für kleine Kinder nichts. Noch kannst du nicht sein wie wir – erwachsen.
Und die Augen der Eltern begleiten die heranwachsenden kleinen Menschen, die natürlich die Welt erkunden, erkunden müssen. Die Neugier, was hinter der Grenze des Verbotenen wartet, die die Menschen beschleicht wie eine Schlange, - 'wenn ich das mit dem verbotenen Streichholz versuche, nur eines' - schließlich ist auch das Verbotene ein Teil der Welt der geliebten Eltern, der Erwachsenenwelt, zu der sie heranwachsen sollen.
Eltern wissen das. Sie wissen auch, was passieren wird, ja passieren muss, weil Kinder lernen müssen, mit Grenzen umzugehen, zu unterscheiden, was gut tut und was nicht und warum. Und Gott weiß, dass für seine Kinder die Schlange diese Aufgabe übernehmen kann, 'denn sie ist listiger als alle Tiere', er selbst hat sie geschaffen.

Eltern wünschen sich oft, sie könnten den Kindern die Mühsal des Lebens mit seinen Konflikten und all dem Leid ersparen. Es geht nicht. Sie müssen sie kennen lernen, die Konflikte, die Verführungen, die Wünsche und die Freiheit, zu wählen - Gutes oder Böses, was Leben dient und was es hindert.

Und wer von uns Eltern schaut nicht mit klopfendem Herzen den Kindern zu, wie sie ihren Weg in das Leben suchen und finden, leiden mit an den Mühen, auch an dem Scheitern und an der Angst, die diesen Weg in das Leben, in die Freiheit der Entscheidung, begleiten.

> Wer von uns Eltern schaut nicht mit klopfendem Herzen den Kindern zu, wie sie ihren Weg in das Leben suchen und finden

Mehr noch: Eltern wissen auch, dass es allein mit Zuschauen nicht getan ist, dass sie ihre Kinder mit falschen Entscheidungen konfrontieren müssen. Der Brandfleck im Teppich von dem einen Streichholz zeigt, wo die Grenze überschritten wurde. Das muss benannt, ausgesprochen werden. Wem fällt das schon leicht? 'Wo bist du Adam', fragt Gott und zwingt seine Kinder, sich ihr Handeln bewusst zu machen, nicht um sie in Schuldgefühle zu stürzen, sondern damit sie lernen, Verantwortung zu übernehmen für das eigene Handeln.
Schritt für Schritt führt er sie dahin, zu erkennen, auszusprechen, was sie nun erfahren haben, die Möglichkeit und die Freiheit, zu entscheiden, die Angst, Grenzen zu überschreiten, die Scham, als schuldig erkannt zu werden.

Was für ein Vater, der seine Kinder auf diesem mühsamen, schweren Weg nicht allein lässt! Der weiß wie schwer es ist, die Scham auszuhalten, die einen in den Boden versinken lassen möchte, dieses *'sie wurden gewahr, dass sie nackt waren'*, - der dies alles weiß und mit aushält und ihnen statt der Feigenblätter Kleider, Röcke aus Fellen, näht.

Und es geht noch tiefer. Er vollzieht nicht, was er angedroht hat, dass sie sterben müssen, wenn sie diesen Weg gehen. Sie fallen nicht tot um. Wohl aber spüren sie, erfahren sie die Todesangst, die von nun an zu diesem Menschenleben dazugehören wird.
Die Angst der Kinder, wo sie die Grenze überschreiten und die Strafe herausfordern, die schwerste Strafe, dass der Vater oder die Mutter sie nicht mehr lieben, sie verstoßen, verlassen werden.

Genau in dieser Angst aber lässt Gott seine Menschen, lässt er uns nicht allein, er spricht mit ihnen, lässt sich erzählen, wie alles gekommen ist, die Schlange, die Schuldzuweisung an den Anderen, die Scham, so da zustehen. Mit jedem einzelnen redet er, mit Adam, mit Eva, nicht um sie niederzumachen, sondern um sie stark zu machen für dieses Leben, für die Verantwortung, die er ihnen überträgt, Mitgestalter dieser Schöpfung zu sein – 'denn nun sind sie wie unsereiner und wissen, was gut und was böse ist', was dem Leben gut tut und was das Leben zerstört.

Es ist wie bei mancher Konfirmandenpredigt, wo der Satz fällt: 'Jetzt beginnt der Ernst des Lebens', so werden sie aus dem Paradies vertrieben und in das Leben entlassen. Und Leben heißt Verantwortung übernehmen, heißt seinen Weg zu suchen mit dieser immer neuen Frage, was ist gut, was nicht, heißt, Glück und Leid solcher Entscheidungen zu erfahren, heißt Mitgestalter Gottes zu sein.

So begleitet Gott seine Menschen, steht zu ihnen, wie Eltern ihre Kinder auf ihre Wege entlassen und doch mit ganzem Herzen diese Wege begleiten mit dem unausgesprochenen oder zugesprochenen Versprechen: was immer geschieht, wir stehen zu dir.

So begleitet Gott seine Menschen, steht zu ihnen, wie Eltern ihre Kinder auf ihre Wege entlassen und doch mit ganzem Herzen diese Wege begleiten

So begleitet Gott seine Menschen, uns – bis heute, spricht uns und mutet uns diese Freiheit zu, traut uns zu, Mitgestalter zu sein, Verantwortung zu übernehmen für dieses Leben mit der Last, uns immer neu entscheiden zu müssen, und oft nicht einmal sicher zu wissen, was gut ist und was böse, mit der Schuld, die wir auf uns laden, mit den ungelösten Fragen, warum das alles so ist.

In alledem bleiben wir Kinder dieses Ursprungs, Kinder Gottes. Das ist es, was Jesus mit seinem ganzen Leben, in seinen Worten und in seinem Tun lebt und predigt und uns dieser väterlichen Liebe von Anbeginn vergewissert. Dazu lädt uns der Weg Jesu ein: Sich dessen zu erinnern und bis in alle Abgründe dieses Lebens, unseres Lebens auszuleuchten. Nicht, um uns wieder und wieder in die Schuld und die Schuldgefühle zu vertiefen, sondern um uns in dieser größeren Liebe festzumachen - so wie er uns dies vorlebt, dieser Liebe zu vertrauen, die ihn erfüllt und trägt bis in den Tod und darüber hinaus. Sich mit ihm neu in dieser Liebe festzumachen, in dieser Verbindung zu unserem Ursprung 'von ganzem Herzen, von ganzer Seele, mit all unserer Kraft und mit unserem ganzen Gemüt' (5. Mose 6,5; Matthäus 22,37)
- das schenke uns Gott auf unserem Weg.
Amen

*

Du unser Gott,

so gehen wir nun in diese Woche
mit neuen Mut,
dass du es bist,
der mit uns geht,
dass du es bist, der uns kennt,
mit all unserem Mühen,
das Gute zu erkennen
und tun zu wollen
und doch immer wieder
zu scheitern
und schuldig zu werden.
Stärke unser Vertrauen
unseren Weg zu gehen,
und unsere Hoffnung auf dich zu setzen,
gewiss,
dass nichts kann uns trennen
von deiner Liebe,
die in Christus Jesus ist.
Amen

Du unser Gott in Jesus Christus,

wer ist wie du,
der unsere Welt durchwirkt mit seiner Macht,
der sich hinneigt zu uns mit seiner Güte,
der aufrichtet, die niedergedrückt sind,
der denen Würde verleiht,
die sich wertlos fühlen,
der einbricht in unser Leben
unverhofft
mit seinem Licht und mit seiner Wahrheit

Wir bitten dich,
berühre uns mit deiner Gegenwart,
damit wir offen werden für dich,
offen dafür,
wie du in unserem Leben da sein willst,
und wir uns neu besinnen auf dich,
und den Weg erkennen,
den du uns führen willst.
Amen

Von Gott verwandelt

Apostelgeschichte 9, 1-20

Liebe Gemeinde

'Die Bekehrung des Paulus' steht über dem heutigen Abschnitt in der Apostelgeschichte. Es geht um jenes entscheidende Ereignis, die Wende, die Paulus zu dem Apostel hat werden lassen, als der er uns in seinen Briefen begegnet.
Der Evangelist Lukas erzählt dieses Ereignis in der Apostelgeschichte so:

1 Saulus aber schnaubte noch mit Drohen und Morden gegen die Jünger des Herrn und ging zum Hohenpriester
2 und bat ihn um Briefe nach Damaskus an die Synagogen, dass er Anhänger dieses Weges, Männer und Frauen, wenn er sie fände, gefesselt nach Jerusalem führe.
3 Als er aber auf dem Wege war und in die Nähe von Damaskus kam, umleuchtete ihn plötzlich ein Licht vom Himmel;

4 und er fiel auf die Erde und hörte eine Stimme, die sprach zu ihm: Saul, Saul,
was verfolgst du mich?
5 Er aber sprach: Herr, wer bist du? Der sprach: Ich bin Jesus, den du verfolgst.
6 Steh auf und geh in die Stadt; da wird man dir sagen, was du tun sollst.
7 Die Männer aber, die seine Gefährten waren, standen sprachlos da; denn sie hör-
ten zwar die Stimme, sahen aber niemanden.
8 Saulus aber richtete sich auf von der Erde; und als er seine Augen aufschlug, sah
er nichts. Sie nahmen ihn aber bei der Hand und führten ihn nach Damaskus;
9 und er konnte drei Tage nicht sehen und aß nicht und trank nicht.
10 Es war aber ein Jünger in Damaskus mit Namen Hananias; dem erschien der
Herr und sprach: Hananias! Und er sprach: Hier bin ich, Herr.
11 Der Herr sprach zu ihm: Steh auf und geh in die Straße, die die Gerade heißt,
und frage in dem Haus des Judas nach einem Mann mit Namen Saulus von
Tarsus. Denn siehe, er betet
12 und hat in einer Erscheinung einen Mann gesehen mit Namen Hananias, der zu
ihm hereinkam und ihm die Hände auflegte, dass er wieder sehend werde.
13 Hananias aber antwortete: Herr, ich habe von vielen gehört über diesen Mann,
wie viel Böses er deinen Heiligen in Jerusalem angetan hat;
14 und hier hat er Vollmacht von den Hohenpriestern, alle gefangen zu nehmen,
die deinen Namen anrufen.
15 Doch der Herr sprach zu ihm: Geh nur hin; denn dieser ist mein auserwähltes
Werkzeug, dass er meinen Namen trage vor Heiden und vor Könige und vor das
Volk Israel.
16 Ich will ihm zeigen, wie viel er leiden muss um meines Namens willen.
17 Und Hananias ging hin und kam in das Haus und legte die Hände auf ihn und
sprach: Lieber Bruder Saul, der Herr hat mich gesandt, Jesus, der dir auf dem We-
ge hierher erschienen ist, dass du wieder sehend und mit dem Heiligen Geist erfüllt
werdest.
18 Und sogleich fiel es von seinen Augen wie Schuppen, und er wurde wieder se-
hend; und er stand auf, ließ sich taufen
19 und nahm Speise zu sich und stärkte sich. Saulus blieb aber einige Tage bei
den Jüngern in Damaskus. (Apostelgeschichte 9, 1-19, Luther 2017)

Eine wundersame Geschichte, diese Bekehrung des Saulus, wie sie der Evangelist Lukas erzählt, eindrücklich und dramatisch und hat sich bleibend gleich in doppelter Weise sprichwörtlich in unsere Alltagssprache eingemischt, wenn wir von einem Menschen sagen, er sei aus einem "Saulus" ein "Paulus" geworden oder wenn jemand von seinem "Damaskuserlebnis" spricht, und damit andeutet, dass etwas in seinem Leben sich verändert hat, gewandelt hat und zwar radikal, so dass es ein Vorher und ein Nachher gibt, eine Art neuer Zeitrechnung, ...“ Ich kenne einen Menschen in Christus; vor vierzehn Jahren" (2. Korinther 12,2) - so markiert Paulus selbst dieses Ereignis, das sein Leben verwandelt hat, das ihn umgedreht hat wie einen Handschuh.
Wir sprechen gerne von der "Bekehrung des Paulus".

Dabei ist dies - bei genauerem Hinsehen – eigentlich nicht das, was wir herkömmlicherweise als Bekehrung bezeichnen, wo einer wie der verlorene Sohn auf den falschen Weg geraten ist, diesen erkennt, in sich geht und umkehrt, sondern da ist einer, der es sehr ernst nimmt mit seine Glauben, mit dem rechten Weg, dem Gottes Gebote wichtig sind, so wichtig, dass er darin seine Lebensaufgabe sieht, mit aller Kraft und mit allen Mitteln diesen Glauben zu schützen, diesen neuen Weg, diese neue Lehre, zu bekämpfen, die den alten Glauben mit seinen klaren Geboten und Werten zu verwässern und dessen Werte aufzulösen droht.

Dabei ist dies - bei genauerem Hinsehen – eigentlich nicht das, was wir herkömmlicherweise als Bekehrung bezeichnen.

‚*Mit Drohen und Morden schnaubt er gegen die Jünger*' – wie Martin Luther das lautmalend und treffend übersetzt.

Man spürt und ahnt dahinter die tödlich ernste, ja fanatische Entschlossenheit, die ihn erfüllt. Und man spürt und ahnt die Angst, die von diesem Mann ausging, der so blind überzeugt ist, dass er selbst die zehn Gebote, zumindest das fünfte, außer Kraft setzt und den Tod von Menschen nicht nur in Kauf nimmt, sondern billigt wie bei der Steinigung des Stephanus, an dessen Hinrichtung er teilnimmt.
Es gibt eine unsäglich blutige Spur solchen religiösen Eifers, die die Menschengeschichte durchzieht, von Steinhaufen und Scheiterhaufen gesäumt, ob damals Stephanus und andere gesteinigt und gekreuzigt wurden, oder ob später Frauen als Hexen verbrannt wurden. Eine Spur, die sich ganz neu und tief verstörend und erschreckend in der Spur religiösen Terrors zeigt, wie er uns in unseren Tagen vor Augen geführt wird.

Genau in diesem Kontext lese ich die Geschichte von der Bekehrung des Saulus vor Damaskus, und ich lese sie als eine Gegengeschichte, eine Unterbrechung dieser Geschichte. Gott selbst greift ein, bricht ein wie ein Blitz und stoppt diese Spur eines falsch verstandenen Eifers in seinem Namen: *'Saul, Saul, was verfolgst du mich'.*
Ach, möchte man dazu sagen, dass dieser Blitz doch die religiösen Fanatiker treffen möge, wo auch immer, und durch den Harnisch ihrer hasserfüllten Engstirnigkeit hindurchbrechen und sie vom hohen Ross ihrer Machtbesessenheit stürzen möge.

So wie Paulus von seinem hohen Ross der Rechtgläubigkeit gestürzt wird, und mehr noch mit Blindheit geschlagen wird. Er, der meinte, alles im Griff zu haben, muss sich an der Hand nehmen und führen lassen wie ein Kind.

Paulus selbst deutet es als ein Sterben: Der alte Mensch muss sterben "*Ist jemand in Christus, so ist er eine neue Kreatur, das Alte ist vergangen, siehe Neues ist geworden*". Es geht um eine tiefgreifende Veränderung, um einen Bruch, in dem, was bisher wichtig schien, zerbricht und etwas Neues erscheint, ein völlig neuer Blick auf das Leben, auf mich selbst.

Nun verführen solche Sätze und die Geschichte des Saulus, wie sie Lukas erzählt, gern zu der Vorstellung, dass, wo Menschen zum Glauben kommen, bekehrt werden, es dramatisch zugehen müsse, und hat auch immer wieder dazu geführt, den Glauben an solchen besonderen Erlebnissen abzulesen.
Doch Gott kennt für solche Wandlungen nicht nur das Modell 'Blitz vor Damaskus'.
Auch in der Geschichte gibt es nicht nur den Blitz. Da gibt es auch die Hand des Hananias der den blinden Saulus an der Hand führt, und da gibt es die Stimme, die zu dem blinden verängstigten Mann sagt: *"Lieber Bruder Saulus"*.

Doch Gott kennt für solche Wandlungen nicht nur das Modell 'Blitz vor Damaskus'

So hat Gott wohl mit jedem Menschen seinen eigenen Weg, mit jedem und jeder von uns, wie er uns berührt, ergreift und umgestaltet.

Das mag für einen Menschen ein solch umwerfendes grundstürzendes Erlebnis sein, dass einer sich selbst und alles in diesem neuen Licht sieht.
Ein Beinah-Unfall trifft wie ein Pfeil, ein wohldurchdachter Plan wird durchkreuzt, eine Todesanzeige von einem Gleichaltrigen wird zur Frage: Und ich?
Andere erleben eine schrittweise Veränderung, die manchmal mit dem wachsenden Alter einhergeht. 'Je älter ich werde', sagen wir dann.

Letztlich geht es gerade nicht um das 'Wie', sondern darum, wie diese Berührung mein Leben bestimmt, verändert, ihm seine neue Richtung gibt, mich mein Leben, diese Welt, ja alles in einem neuen Licht sehen lässt. Das wird an Paulus selbst deutlich, wie er diese neue Erkenntnis, die ihm wie ein Blitz aufgegangen ist, immer neu zu buchstabieren versucht in seinen Predigten und Briefen. Diese Erkenntnis, wie sich ihm in Christus eine Freiheit eröffnet, in der die Grenzen, die Menschen ziehen, überschritten werden, und die Mauern, die der Eifer aufbaut, überwunden werden. *"Da ist weder Jude noch Grieche, weder Sklave noch Freier, denn ihr seid alle eins in Christus (Galater 3,28)."* sagt der, der zuvor nur den jüdischen Weg gelten lassen wollte.

Was für eine Weite des Blickes, die wir bis heute nach zu buchstabieren suchen, ganz neu in den aktuellen Herausforderungen durch die Menschen, die zu uns hereinströmen – diese Menschen, Geflüchtete in diesem Licht zu sehen, in dieser Weite – Menschen, Kinder Gottes wie wir!

Und da leuchtet in dem gelehrten und gesetzestreuen Juden Paulus immer mehr die Erkenntnis auf, dass Gott nicht derjenige ist, der mit Gewalt unterwirft, der alles Fehlverhalten mit Strafe verfolgt, ein Himmelsdespot - wie es auch im Alten Testament immer wieder erscheint -, sondern dass er der ist, der uns in Christus in Liebe begegnet, eine Liebe, die sich lieber selbst opfert als anderen Gewalt anzutun, die noch dort zur Vergebung bereit ist, wo sich alles in uns sträubt: *"Vater vergib ihnen, denn sie wissen nicht was sie tun".* (Lukas 23,34).

Das ist eine Umkehrung, wie wir sie nur mit angehaltenem Atem mit vollziehen können - den Mördern die Hand hinzuhalten! Angesichts von Gewalt und Terror auf die Liebe zu setzen?
Wie schwer fällt uns dies, wenn es konkret wird.

Vielleicht heißt das zunächst schlicht, unser Vertrauen dem zu schenken, der so sprechen kann, dem Christus, der auch mir so begegnet: Angenommen und geliebt vor allem eignen Tun und mit allen Versäumnissen und aller Schuld.
Vielleicht heißt das, mit Paulus mich danach auszustrecken, auf diese Hoffnung zu setzen, und mitten in dieser Welt dieser Christuskraft der Liebe zu trauen, obwohl so vieles dagegen spricht. Vielleicht heißt es, mit Paulus mich so ganz in dieses Vertrauen zu werfen, dass Gott auch in unseren Zeiten da ist, dass er Menschen wandeln kann, und Entwicklungen möglich sind, die wir jetzt noch nicht sehen.

Das könnte unser tägliches Damaskus sein, uns in dieses Licht zu stellen, das in Christus über und in uns aufleuchtet

Das könnte unser tägliches Damaskus sein, uns in dieses Licht zu stellen, das in Christus über und in uns aufleuchtet, sozusagen unsere tägliche Bekehrung, die uns jeden Morgen beginnen lässt mit der Bitte und der neugierigen Erwartung, dass Gott uns an diesem Tag begegnen will. Uns so von ihm berühren, ansprechen und wie ein Paulus begeistern zu lassen, diese Hoffnung in unseren Alltag hinein zu glauben und hinein zu tragen, und darin Paulus gleich - zu Missionaren der Hoffnung und des Vertrauens in Gottes verlässliche Gegenwart zu werden.
Amen

Du unser Gott in Jesus Christus,

du rufst uns auf den Weg mit dir,
auf den Weg der Freiheit,
unsere Schritte zu wagen
im Vertrauen auf dich,
Mit jedem und jeder gehst du deinen Weg
verborgen oft
und doch umfasst von deiner Güte.
Dafür danken wir dir

Wir bitten dich,
lass uns wach und aufmerksam sein,
dass wir dein Wort hören,
und deine Botschaft verstehen,
und sie in unserem Leben
lebendig werden lassen,
und selbst zu Botschaftern
deiner Liebe werden.
Amen

Du unser Gott, Jesus Christus,

so bist du uns zugetan,
tust uns Gutes
mehr als wir oft erkennen,
trocknest Tränen
und öffnest Wege vor uns.
Keiner ist verloren bei dir
keine vergessen.

So kommen wir zu dir
mit allem,
was wir mit uns tragen
mit all dem Glück und aller Freude,
mit all der Last
und allem Schweren.

Berühre uns
mit dem Strom deiner Güte,
so dass wir sie spüren können,
deine Kraft
in unserer kleinen Kraft,
deine Liebe
in unserem Lieben,
deinen Geist in unserem Leben.
Amen

Von Einem, der auszog, das Leben zu lernen

Lukas 15,11-32

Liebe Gemeinde.

Das heutige Predigtwort ist eine der bekanntesten Geschichten im Neuen Testament. Martin Luther meinte, wenn die ganze Bibel verloren ginge und es bliebe nur diese Geschichte übrig, 'so wäre alles gerettet'.

11 Und er sprach: Ein Mensch hatte zwei Söhne.
12 Und der jüngere von ihnen sprach zu dem Vater: Gib mir, Vater, das Erbteil, das mir zusteht. Und er teilte Hab und Gut unter sie.

13 Und nicht lange danach sammelte der jüngere Sohn alles zusammen und zog in ein fernes Land; und dort brachte er sein Erbteil durch mit Prassen.
14 Als er aber alles verbraucht hatte, kam eine große Hungersnot über jenes Land und er fing an zu darben
15 und ging hin und hängte sich an einen Bürger jenes Landes; der schickte ihn auf seinen Acker, die Säue zu hüten.
16 Und er begehrte, seinen Bauch zu füllen mit den Schoten, die die Säue fraßen; und niemand gab sie ihm.
17 Da ging er in sich und sprach: Wie viele Tagelöhner hat mein Vater, die Brot in Fülle haben, und ich verderbe hier im Hunger!
18 Ich will mich aufmachen und zu meinem Vater gehen und zu ihm sagen: Vater, ich habe gesündigt gegen den Himmel und vor dir.
19 Ich bin hinfort nicht mehr wert, dass ich dein Sohn heiße; mache mich einem deiner Tagelöhner gleich!
20 Und er machte sich auf und kam zu seinem Vater. Als er aber noch weit entfernt war, sah ihn sein Vater und es jammerte ihn, und er lief und fiel ihm um den Hals und küsste ihn.
21 Der Sohn aber sprach zu ihm: Vater, ich habe gesündigt gegen den Himmel und vor dir; ich bin hinfort nicht mehr wert, dass ich dein Sohn heiße.
22 Aber der Vater sprach zu seinen Knechten: Bringt schnell das beste Gewand her und zieht es ihm an und gebt ihm einen Ring an seine Hand und Schuhe an seine Füße
23 und bringt das gemästete Kalb und schlachtet's; lasst uns essen und fröhlich sein!
24 Denn dieser mein Sohn war tot und ist wieder lebendig geworden; er war verloren und ist gefunden worden. Und sie fingen an, fröhlich zu sein.
25 Aber der ältere Sohn war auf dem Feld. Und als er nahe zum Hause kam, hörte er Singen und Tanzen
26 und rief zu sich einen der Knechte und fragte, was das wäre.
27 Der aber sagte ihm: Dein Bruder ist gekommen, und dein Vater hat das gemästete Kalb geschlachtet, weil er ihn gesund wiederhat.
28 Da wurde er zornig und wollte nicht hineingehen. Da ging sein Vater heraus und bat ihn.
29 Er antwortete aber und sprach zu seinem Vater: Siehe, so viele Jahre diene ich dir und habe dein Gebot nie übertreten, und du hast mir nie einen Bock gegeben, dass ich mit meinen Freunden fröhlich wäre.
30 Nun aber, da dieser dein Sohn gekommen ist, der dein Hab und Gut mit Huren verprasst hat, hast du ihm das gemästete Kalb geschlachtet.

31 Er aber sprach zu ihm: Mein Sohn, du bist allezeit bei mir und alles, was mein ist, das ist dein.
32 Du solltest aber fröhlich und guten Mutes sein; denn dieser dein Bruder war tot und ist wieder lebendig geworden, er war verloren und ist wiedergefunden. (Lukas 15, 11-32, Luther 2017)

"Vom verlorenen Sohn" so ist diese Geschichte auch in der neuen Lutherbibel überschrieben. So hat sich dieses Gleichnis eingeprägt, wie es auch in der Kunst oft aufgegriffen wurde und wird: Der Sohn, der seinen Erbteil fordert und verprasst, wie Luther dieses griechische Wort übersetzt, was immer wir uns darunter vorstellen mögen. Der ältere Sohn in der Geschichte bietet uns seine eigene Fantasie dazu an und sieht seinen Bruder im Rotlichtmilieu bei den Huren.
Und dann der Absturz, er landet bei den Schweinen. Ebenso ein beliebtes Motiv, den abgerissenen Jungen zwischen die Schweine zu zeichnen.
Bis hin zu der anrührenden Szene, die Heimkehr, die ausgebreiteten Arme des Vaters, in die sich der Sohn wirft. Die Gestaltung durch Ernst Barlach kann einem einfallen 'die Heimkehr' - so anrührend, dass man sich am liebsten mit umarmen lassen möchte.
Und auch die andere Gestalt gehört dazu, der ältere Sohn, der der Arbeit auf dem Feld nachgeht, wie er mit düsterem Blick auf die Szene schaut, eher im Hintergrund, so halb an die Tür gelehnt, die Ablehnung und den Zorn ins Gesicht geschrieben.
Und mitten drin dieser Vater mit seiner überbordenden Freude über den zurückgekehrten, wiedergefundenen Sohn – 'er war tot, und siehe, er ist wieder lebendig geworden'. Zwei Mal ruft er diesen Satz den Knechten und dann dem Bruder zu. Was für eine Liebe, die da diesem Sohn entgegenstürmt!

Ich nehme uns mit hinein in die Szene:
Wann haben Sie oder Ihr zuletzt erlebt, dass Jemand sich so über Sie, über Euch gefreut hat? Sie, Euch so willkommen geheißen hat? Einfach so! Jemand, der mich, so wie ich bin, mit meiner ganzen Lebensgeschichte, mit allem, was ich so mitbringe, einfach in den Arm nimmt und sagt: 'Schön, dass du da bist, schön dass es dich gibt'. Und ich muss nichts erklären, muss mich nicht rechtfertigen, obwohl da so viel zu sagen wäre, obwohl da die Stimmen in mir sagen: So einfach geht das nicht, da kommt noch etwas nach.

Wann haben Sie zuletzt erlebt, dass Jemand sich so über Sie gefreut hat, Sie so willkommen geheißen hat? Einfach so!

Aber in der Geschichte kommt nichts nach, ein Fest gibt's, und ein neues Gewand, und einen Ring am Finger, und neue Schuhe an die Füße - in Würde gekleidet.
Es braucht Zeit, diese Szene, diese Sätze so in sich einsickern zu lassen, bis sie diese Sehnsucht in uns berühren, so sein zu dürfen, so gewürdigt, wahrgenommen, so geliebt zu werden.
Und das – um es nochmals zu betonen- mit allem, was zu mir gehört, mit meiner Geschichte. So wie ich auf meine Weise versucht habe, das Beste aus meinem Leben zu machen mit dem Erbe, das ich mitbekommen habe, mit den Gaben, den Talenten, oder auch mit den Handicaps, den körperlichen oder schicksalhaften, die mir zugemutet wurden, angenommen zu sein mit dem, was ich so aus mir gemacht habe.

Das ist es, was der jüngere Sohn versucht hat, etwas aus sich zu machen, aus seinem Erbe. Oft wird ihm das schon angekreidet, dass er sein Erbteil fordert, aber das wird in der Geschichte nicht kritisiert. Der Vater geht auf diesen Wunsch seines Sohnes ein und gibt jedem seiner beiden Söhne das Erbteil, das ihm zusteht. Im Übrigen war das damals dort und auch anderswo bis heute üblich, dass der Älteste den Besitz übernimmt und der Jüngere ausbezahlt wird.
Beide wollen etwas aus ihrem Leben machen. Der jüngere zieht los in ein fernes Land. Der Ältere übernimmt den Betrieb.

Beide wollen etwas aus ihrem Leben machen. Der jüngere zieht los in ein fernes Land. Der Ältere übernimmt den Betrieb.

Der Jüngere versucht sein Glück und gibt sein Erbe großzügig aus, wagt und tut Dinge, die er sich zuhause in der Gegenwart des Vaters vermutlich nicht erlaubt hätte. Der Ältere hält sich an das in der Familie Erworbene, bewahrt den Besitz, die Tradition, und versucht, es dem Vater recht zu machen.

Zwei Wege, das Beste aus dem Leben zu machen, - so versuche ich heute einmal die beiden Brüder zu sehen - zwei Wege, die Herausforderung des Lebens anzunehmen, mit den Gaben, die ihnen auf ihre Art zur Verfügung stehen, mit dem Wagemut, ja auch dem Leichtsinn, etwas auszuprobieren, und andrerseits mit der Verlässlichkeit, ja der Sturheit, das Althergebrachte zu bewahren.
Wie auch immer, es kann passieren, und es passiert allzu leicht, dass einer, dass eine mit bester Absicht, etwas aus seinem oder ihrem Erbteil, aus ihrem Leben zu machen, an den Punkt kommt, wo er oder sie in dieser Sackgasse

landet und so mit sich beschäftigt vergessen hat, woher er, woher sie kommt, - und jetzt im 'wir' – dass wir unsere Herkunft, diesen tiefsten Ursprung, von wo wir unsere Gaben, unser Erbteil empfangen haben aus dem Blick verlieren, vergessen, dass dieses Leben ein Geschenk ist, und wir Teil – im Bild der Geschichte – der großen Familie Gottes sind.

Es kann passieren, dass wir stattdessen nur noch uns selbst sehen, das, was wir daraus gemacht haben, unser Können, unsere Leistung, die Ehrungen und Preise am Rande das Weges, oder auch umgekehrt, dass wir nur noch unser Versagen, unser Scheitern sehen, was schief gegangen ist, in der Ehe, mit den Kindern, im Beruf.
Beides kann am Ende dieser Gottvergessenheit stehen.

Was für ein Glück, ein Geschenk, wenn dann mitten drin die Erkenntnis aufbricht: Das kann nicht alles sein. Es muss noch etwas Anderes, es muss mehr geben – und dass die Erinnerung an den Ursprung auftaucht, eine Sehnsucht, eine Hoffnung, die dann zu einem Weg wird.
Entscheidend ist dieser Wechsel der Blickrichtung, gerade nicht am Bisherigen hängen zu bleiben, nicht am Erfolg und nicht am Scheitern, nicht auf die Erfolge und nicht auf das Scheitern zu starren.
Sondern sich auszurichten auf diesen Ursprung hin, der da irgendwo war, wie eine Quelle, die einem Sehnsuchtsbild gleich uns lockt, diesen Ursprung, - im Bild der Geschichte - den Vater zu suchen, dorthin sich aufzumachen, wo ich letztlich hingehöre. Das Erschrecken auszuhalten, - auch das gehört dazu - dass ich mich verloren habe, und mich aufzumachen zu der Quelle.

'Die Sünde' wie es in der Geschichte heißt, ist nicht dies, dass der junge Mann sein Erbe verzockt hat, sondern dass er seine Herkunft vergessen hat, Gott vergessen hat.
Da berühren sich die beiden Brüder: Der, der alles hat und der, der nichts mehr hat; der, der scheinbar so nah beim Vater ist und der in der Ferne – beide haben sie ihn, den Vater, die Liebe vergessen

Da berühren sich die beiden Brüder:
Der, der alles hat und der, der nichts mehr hat – beide haben sie ihn, den Vater, die Liebe vergessen

Doch er, der Vater, hat sie nicht vergessen, keinen. Dem einen geht er entgegen, zu dem anderen, der vor der Tür grollt, geht er hinaus. Besonders sichtbar freilich wird es am Jüngeren der Söhne. Unfassbar und nur staunend, ja anrührend, mitzuerleben diese Zuwendung, dass der Vater immer schon bereit ist, Ausschau hält, dem Sohn entgegen eilt – dass diese Güte, diese Zugehörigkeit, diese Liebe nicht aufhört und nichts, auch nicht die äußerste Verlassenheit so tief sein kann, dass da nicht am Horizont die Gestalt des Vaters wartet.
Vielleicht brauchte der Vater ja diesen verlorenen Sohn, damit seine Liebe so sichtbar werden konnte. Vielleicht braucht es immer wieder unsere Verlorenheit, um uns an den Vater, an unsere Verbundenheit mit Gott zu erinnern.

Vielleicht braucht es immer wieder
unsere Verlorenheit,
um uns an den Vater,
an unsere Verbundenheit mit Gott
zu erinnern.

Und jetzt ziehe ich diese Geschichte in unseren Alltag, wo wir oft genug erleben, dass wir etwas aus dem Tag machen wollen, am Morgen noch darum bitten, "mit Gott fang ich die Arbeit an" und doch erleben, wie die Dinge durch die Finger rinnen, vielleicht sagen "das war nicht mein Tag", dass wir uns leer und ausgebrannt fühlen und fragen, was habe ich heute eigentlich geschafft, erreicht,
Und doch wartet am Abend einer, der mich nicht vergessen hat, und der mich einlädt, diesen Tag – wie es in einem Abendlied heißt – 'zurückzulegen in seine Hände, denn du gabst ihn mir'.

In diesem Alltag, wo ich oft genug erlebe, dass ich mich mühe in meinem Beruf oder in einem ehrenamtlichen Engagement und mich frage, was mache ich da eigentlich, oder wo mich die Verzweiflung packt angesichts der Welt, wie sie ist und seufze 'o Gott'. Und dann geschieht es, dass in dem Seufzer diese Sehnsucht wach wird und die Erinnerung daran, dass da einer ist, der mich sieht mit meiner Niedergeschlagenheit, sie nicht verharmlost und auch keine Wunder verspricht, sondern all das mit mir aushält und mir zugleich die Würde zuspricht, so wie ich bin als sein Sohn, seine Tochter meinen Platz einzunehmen.

Und dann schaue ich auf Geschichten von Söhnen und Vätern oder von Töchtern und Müttern und sehe, wie das, was glücklich begonnen hat, weit entfernt in Sprachlosigkeit, in Trauer und Wut endet. Wie viele Beziehungen

zwischen Eltern und Kindern, zwischen Partnern, zwischen Freunden enden in solcher Verlorenheit.
Und dann sehe ich in diesen Geschichten am Horizont diesen Vater, der uns mitsamt dem umfasst, was misslungen, verprasst, vergeigt, zerstört wurde, wo wir aus eigener Kraft nicht mehr herausfinden - und uns zusammen mit dem Bruder oder der Schwester, mit den Menschen, mit denen alles zerstört scheint, in seiner größeren Liebe umfasst, eine Liebe, die Brücken baut, auf denen ich den Weg zurück in die Beziehung, in die Verbundenheit finde.

Und dann denke ich an die Augenblicke im Älterwerden, wo das Gefühl aufbrechen kann: War's das? Was habe ich wirklich aus meinem Leben gemacht, was kann ich vorweisen? Und wo ich so gerne aufzählen möchte, was ich geleistet habe, was gelungen ist, was gut war und mich die Angst überkommen kann vor dem, wo ich versagt, was ich versäumt habe.

Und dann steht da einer mit offenen Armen und sagt: 'Es ist gut, auch wenn vieles nicht gut war und nicht gut ist in deinem Leben. Denn du gehörst zu mir'.

Und dann steht da einer mit offenen Armen und sagt: 'Es ist gut, auch wenn vieles nicht gut war und nicht gut ist in deinem Leben. Denn du gehörst zu mir mit allem, den Erfolgen und den Misserfolgen, dem ernsthaften Bemühen und dem unverschuldeten Scheitern, den Versuchen zu lieben, und der Schuld, der Liebe nicht gerecht geworden zu sein. Denn meine Liebe hängt nicht von dir ab, nicht von deinen Guttaten, nicht von deinem täglichen Bemühen oder von deinem Versagen, auch nicht von deiner Schuld'.

Man kann das schwer in Worte fassen – am ehesten in Geschichten und Bildern davon erzählen und sich anrühren lassen bis in die Tiefe unserer Sehnsucht, dass wir erwartet werden, immer, zu jeder Zeit. Und alles, was es braucht, ist diese Sehnsucht in uns zuzulassen, und dem Wort zu lauschen und zu glauben: Ja, es ist gut. Fürchte dich nicht. Ich habe dich bei deinem Namen gerufen, du bist mein.
Amen

Du unser Gott in Jesus Christus,

immerwährend sucht
deine Liebe uns,
weckt sie unsere Sehnsucht nach dir,
rührt unser Herz an
und erinnert uns an dich,
Grund unseres Lebens,
Quelle unserer Kraft
Zuflucht inmitten der Bedrängnisse.

Gott, Jesus Christus,
wir danken dir
für dieses Geschenk deiner Liebe,
mit der du uns immer neu
suchst und findest.
Hilf du selbst dazu,
dass wir uns von dir finden lassen.
Amen

Du unser Gott in Jesus Christus,

zu dir kommen wir an diesem Morgen,
suchen deine Nähe,
hoffen auf dein Wort,
aus dem wir Kraft schöpfen,
in dem wir Weisung finden für unseren Weg.
So kommen wir zu dir mit all dem,
was uns bewegt
im Blick auf uns selbst
im Blick auf unsere unruhige Welt
mit der auch bangen Frage,
ob und wie du denn da bist
in all diesen Bewegungen und Veränderungen,
ob und wie du denn da bist
in unserem Leben,
in seinen guten Tagen
und in den schwierigen, mühevollen.
Gott,
in dir findet unser Fragen seine Antwort
in dir findet unser Herz seine Zuflucht.
Amen

Das Geheimnis der Bestimmung

Römer 9,14-24

Liebe Gemeinde!

das heutige Predigtwort wirft eine schwierige und zugleich menschenalte Frage auf: Was bringt Menschen dazu, so zu handeln, wie sie handeln.
Die einen dazu, sich auf den Weg der Gewalt zu begeben, aus Hass zu töten, wie wir dies in diesen Tagen wieder so erschreckend erleben, und Andere dazu, sich auf den Weg des Helfens zu machen, um Menschen zu retten, wie die vielen Freiwilligen in den Flüchtlingscamps oder in anderen Krisengebieten zeigen.
Was bringt einen Familienvater dazu, seine Frau und Kinder zu töten, während eine andere junge Mutter und ihr Partner ihre beiden schwerstbehinder-

ten Kinder bis über die Grenzen ihrer Kraft pflegen.
Wer oder was hat da die Hand im Spiel, dass Entscheidungen so oder so fallen, Lebenswege sich so verschieden entwickeln?
Die Versuche, das zu verstehen, zu erklären, sind ohne Zahl – nach jedem Gewaltakt oder Amoklauf neu.

Wer oder was hat die Hand im Spiel, dass Entscheidungen so oder so fallen, Lebenswege sich so verschieden entwickeln?

Auch die Menschen der Bibel, kennen diese Frage: Warum wird Kain zum Mörder und nicht Abel?
Warum wird David, der zum Mord anstiftet und eine Ehe zerstört, zum Stammvater und Saul wird verworfen?

Und Paulus quält die Frage: Warum lehnen seine eigenen Volksgenossen Christus als Messias ab, verfolgen seine Anhänger grausam, während Menschen aus anderen Religionen, Heiden, ihn annehmen, sich für ihn begeistern.
Sind das Gottes Führungen, Gottes Ratschluss? Paulus nimmt das Beispiel von Jakob und Esau. Noch ehe die Kinder geboren waren, noch ehe sie weder Gutes noch Böses getan hatten wurden sie nach dem Ratschluss Gottes bestimmt, dass der Ältere dem Jüngeren "diene" und Gott sagt am Ende - so der Prophet Micha: *"Jakob habe ich geliebt, aber Esau habe ich gehasst"?*
Haben diese Gegensätze in Gott selbst ihren Ursprung? Man spürt seine Ratlosigkeit, wenn er dann fortfährt:
" Was sollen wir hierzu sagen" – handelt Gott so willkürlich, so ungerecht?
Und dann versucht Paulus seine Antwort auf diese Frage zu geben:

14 Das sei ferne! 15 Denn er spricht zu Mose (2. Mose 33,19): »Wem ich gnädig bin, dem bin ich gnädig; und wessen ich mich erbarme, dessen erbarme ich mich.«
16 So liegt es nun nicht an jemandes Wollen oder Laufen, sondern an Gottes Erbarmen. 17 Denn die Schrift sagt zum Pharao (2. Mose 9,16): »Eben dazu habe ich dich erweckt, dass ich an dir meine Macht erweise und dass mein Name verkündigt werde auf der ganzen Erde.« 18 So erbarmt er sich nun, wessen er will, und verstockt, wen er will. 19 Nun sagst du zu mir: Was beschuldigt er uns dann noch? Wer kann seinem Willen widerstehen? 20 Ja, lieber Mensch, wer bist du denn, dass du mit Gott rechten willst? Spricht etwa ein Werk zu seinem Meister: Warum hast du mich so gemacht? 21 Hat nicht der Töpfer Macht über den Ton, aus demselben Klumpen ein Gefäß zu ehrenvollem und ein anderes zu nicht ehrenvollem Gebrauch zu machen? 22 Da Gott seinen Zorn erzeigen und seine Macht kundtun wollte, hat er mit großer Geduld ertragen die Gefäße des Zorns, die zum Verderben bestimmt waren, 23 auf dass er den Reichtum seiner Herrlichkeit kundtue an den

Gefäßen der Barmherzigkeit, die er zuvor bereitet hatte zur Herrlichkeit. 24 So hat er auch uns berufen, nicht allein aus den Juden, sondern auch aus den Heiden. (Römer 9,14-24, Luther 2017)

Also lieber Paulus, so möchte ich sagen, gegen diese Antwort wehre ich mich. Damit werden letztlich alle Fragen weggewischt. *"Wer bist du Mensch dass du fragst!"* Das klingt so, als ob Gott vor unserer Geburt, vor all unserem Tun schon festgelegt hat, was aus uns wird - ob es gut wird oder schlecht? Wie bei Jakob und Esau.
Dass er sich dem einen mit Erbarmen zuwendet und die anderen links liegen lässt, zum Verderben bestimmt, verstockt?
Wie furchtbar, zu denken, dass ein Mensch von jeher von Gott zum Werkzeug seines Zornes bestimmt ist, dass ein Mensch wie ein Pharao gar keine Chance hat, sich anders zu verhalten?
Und noch furchtbarer, Israel, sein Volk wäre dann von Gott selbst zum Verderben bestimmt, und Hitler, unser Volk, wären dann seine Werkzeuge? Mich erschreckt das zutiefst, wenn ich daran denke, welch furchtbare Geschichte sich daran angeschlossen hat, und wie die Worte des Paulus noch als Rechtfertigung von Pogromen und Verfolgung der Juden in Anspruch genommen wurden.

Wie furchtbar, zu denken, dass ein Mensch von jeher von Gott zum Werkzeug seines Zornes bestimmt ist.

Das aber kann es nicht sein, was Paulus wollte, denen recht zu geben, die ihre grausamen Taten im Namen Gottes vollbringen, sich als Arm Gottes, als Schwert Gottes aufspielen und ihre destruktiven Machtbedürfnisse ausleben. So, als ob sie neben Gott sitzen und von diesem sicheren Platz aus über das Leben Anderer bestimmen und urteilen können.
Was ich vielmehr von Paulus verstehe und worin ich ihm zu folgen versuche, ist dies, dass er diese finstere Seite der Menschengeschichte und auch diese dunkle Seite in uns Menschen nicht in eine gute und in eine böse Macht aufteilen will – Gott ist gut, der Teufel ist böse, wie es 1000 Filme und Geschichten uns erleben lassen, und wir zwischen beiden zerrissen werden.
Sondern er hält daran fest, dass er diese ganze Schöpfung mit ihren Gegensätzen in der einen Hand Gottes sieht, auch die dunkle, unheimliche, ja destruktive Seite. Wenn Gott der eine ist, dann sind auch die Gegensätze in seiner Hand.

Das aber heißt dann, dass wir uns gerade mit diesen bedrängenden Fragen

an den einen Gott wenden, und dass wir im Namen Jesu diese Frage wagen 'Warum?', so wie dieser sie selbst dort am Kreuz gestellt hat. "Mein Gott, warum".
Freilich ist das Ziel nicht, nun eine Erklärung dafür zu bekommen, warum es das Unrecht und das Leid in der Welt gibt, - darauf wird es keine Antwort geben – die Frage zielt vielmehr auf unsere Beziehung zu diesem Gott. 'Wie gehöre ich in deine Welt? Warum und wozu bin ich da? Was ist es um mein Leben mit seinem Leid und seinem Glück? Und wozu hast du, Gott, mich bestimmt?'

Das ist der Weg des Glaubens, zu fragen, wer Gott für mich ist, wo und wie er in meinem Leben da ist.

Das ist der Weg des Glaubens, zu fragen, wer Gott für mich ist, wo und wie er in meinem Leben da ist. Wer ich für ihn sein soll. Das macht unseren christlichen Glauben aus, dass Gott für uns ansprechbar ist, dass dieser Wesenszug für uns elementar zum Glauben dazu gehört, in Beziehung zu sein, noch dort, wo mir dieser Gott unheimlich, ja dunkel und bedrohlich erscheint.

Nur so werde ich eine Ahnung von der Souveränität Gottes bekommen, wie er gerade in meinem Leben da ist und wirkt, welche Art von Gefäß er aus mir formen will. Nur so werde ich dann und wann zu einer Antwort finden – auch in meinen Widersprüchen. Werde manchmal nur aushalten können, was ich nicht verstehe und manchmal voller Glück entdecken, wie Gott in meinem Leben trotz allem helfend, schützend und bergend da ist. Vielleicht erlebe ich dann auch, wie das, was ich als Zumutung, als ungerechtes Schicksal erlebe, zur Reifung dient. Und mag sein, dass ich erst über die Jahre hin ahne, wozu er mich bestimmt hat, was meine Aufgabe ist. Gottes Weg mit mir und mein Weg mit Gott.

Vielleicht kann es dann sein, dass ich mich zu Zeiten als Gefäß des Zornes Gottes entdecke, durch meinen Zorn ein Anderer zur Besinnung kommt, und ich zugleich unter meinem Zorn leide, dass ich mich manchmal wie verworfen, vergessen erlebe, mich Leid und Unglück unbegreiflich trifft, wo andere neben mir Feste feiern, Gott sich mir verbirgt. Das bleibt ganz sicher eines der schwersten Geheimnisse, wo Gott uns diese - in unseren Augen - dunkle Zornesseite zeigt, sich Unglück auf Unglück häuft, Krankheit und Anderes, und keine Antwort auf unser Schreien kommt.

Das aber lässt sich so nur aushalten, *"mit Furcht und Zittern"* wie Paulus selbst meint. Gott noch in diesen unbegreiflichen Erfahrungen festzuhalten als den Gott des Erbarmens, den Gott, der es letztendlich gut meint. So hat ihm Jesus selbst vertraut und geglaubt. Und von solcher Gewissheit ist auch Paulus durchdrungen, wie er in den Zeilen unmittelbar vor diesem Kapitel für sich persönlich festhält:

"Ich bin gewiss, dass weder Tod noch Leben, weder Engel noch Mächte noch Gewalten, weder Gegenwärtiges noch Zukünftiges, weder Hohes noch Tiefes noch eine andere Kreatur uns scheiden kann von der Liebe Gottes, die in Christus Jesus ist, unserm Herrn" (Römer 8, 38+39)

Das ist eine Gewissheit, die aus solcher Gotteserfahrung erwachsen ist, dass Gott selbst - wie es Paulus am eigenen Leib erlebt hat - aus einem verblendeten und blinden Eiferer seinen Apostel geformt hat. Eine Gewissheit, die aus solch glücklichem Begreifen erwächst, unverfügbar und doch erfahrbar – eine Gewissheit, die manchmal wie ein überraschendes Geschenk in unserer Hand liegt und in unserem Herzen aufsteigt: Gott ist da, auch in meinem Leben, mir im Guten zugetan. Das schenke uns allen Gott, der allesumfassende und Barmherzige, der Vater, der Sohn und der Heilige Geist.
Amen

Ich glaube,
dass Gott aus allem, auch aus dem Bösesten,
Gutes entstehen lassen kann und will.
Dafür braucht er Menschen, die sich alle Dinge zum Besten dienen lassen.

Ich glaube,
dass Gott uns in jeder Notlage so viel Widerstandskraft geben will, wie wir brauchen. Aber er gibt sie uns nicht im Voraus, damit wir uns nicht auf uns selbst, sondern allein auf ihn verlassen. In solchem Glauben müsste alle Angst vor der Zukunft überwunden sein.

Ich glaube,
dass Gott kein zeitloses Schicksal ist, sondern dass er auf aufrichtige Gebete und verantwortliche Taten wartet.

Dietrich Bonhoeffer

Du unser Gott in Jesus Christus,

wir feiern Pfingsten,
das Fest, da du der Welt den Lebensatem gibst,
deinen Geist,
unendliche Weisheit,
schöpferische Kraft,
flammende Hoffnung
die unseren Geist erfüllen
und unser Herz entzünden will.
Gott heiliger Geist,
mütterlicher Trost und väterlicher Beistand,
hauche in uns deinen Lebensatem
dass er löse, was verhärtet ist,
dass er wecke, was erstarrt ist,
dass er neuschaffe, was erstorben ist.

Gott, heiliger Geist
fülle uns mit deiner Kraft,
dass unsere Seele auflebe
zu neuer Hoffnung,
zu neuer Wachheit
und Feuer fange
an deiner Liebe.
Amen

Ins Herz geschrieben

Hesekiel 36,22-28
Pfingstfest

Liebe Gemeinde,

Die Pfingstbotschaft übermittelt uns in diesem Jahr der Prophet Hesekiel in einem Gottesspruch. Ich lese aus dem Buch des Propheten Hesekiel, Kapitel 36:

22 Darum sollst du zum Hause Israel sagen: So spricht Gott der HERR: Ich tue es nicht um euretwillen, ihr vom Hause Israel, sondern um meines heiligen Namens willen, den ihr entheiligt habt unter den Heiden, wohin ihr auch gekommen seid.

23 Denn ich will meinen großen Namen, der vor den Heiden entheiligt ist, den ihr unter ihnen entheiligt habt, wieder heilig machen. Und die Heiden sollen

erfahren, dass ich der Herr bin, spricht Gott der Herr, wenn ich vor ihren Au-
gen an euch zeige, dass ich heilig bin.
24 Denn ich will euch aus den Heiden herausholen und euch aus allen Län-
dern sammeln und wieder in euer Land bringen,
25 und ich will reines Wasser über euch sprengen, dass ihr rein werdet; von
all eurer Unreinheit und von allen euren Götzen will ich euch reinigen.
26 Und ich will euch ein neues Herz und einen neuen Geist in euch geben
und will das steinerne Herz aus eurem Fleisch wegnehmen und euch ein flei-
schernes Herz geben.
27 Ich will meinen Geist in euch geben und will solche Leute aus euch ma-
chen, die in meinen Geboten wandeln und meine Rechte halten und danach
tun.
28 Und ihr sollt wohnen im Lande, das ich euren Vätern gegeben habe, und
sollt mein Volk sein und ich will euer Gott sein. Ich, der HERR, sage es und
tue es auch.
(Hesekiel 36, 22-28.36c – Luther 84)

Liebe Gemeinde,

das Schöne an dieser Pfingstbotschaft ist, dass sie keinen neuen Appell, keinen Aufruf enthält, sondern ankündigt, was Gott schon längst tut. 'Ich will!' Nicht auf uns und unser Tun oder Nicht-Tun richtet sich der Blick zuerst, sondern auf Gottes Tun: Ich tue es, ja ich will!
Und er malt vor Augen, wie er durch die Geschichte geht und sein Name aufstrahlt, wie er seinen Namenszug in diese Welt schreibt, bis in das Herz des einzelnen Menschen.

Das Schöne an dieser Pfingstbotschaft ist, dass sie keinen neuen Appell, keinen Aufruf enthält, sondern ankündigt, was Gott schon längst tut.

Ich will es und ich tue es, nicht um euretwillen, sondern um meines großen Namens willen.

Gott sorgt für sich selbst, sorgt, dass sein innerstes Wollen, das diese Welt durchströmt, das von Anbeginn sich in dieser Schöpfung entfaltet, in uns Menschen zum Ziel kommt. Leben, wie es gemeint ist, Schalom, Frieden, eine Welt, in der alles Leben zu seinem Recht kommt, Frieden und Heimat für alle in einer Gemeinschaft, in der wir verbunden sind - ich will es tun, um meines großen Namens willen.
Ich will euch ein neues Herz und einen neuen Geist in euch geben.

Aufs erste tut es einfach wohl, sich daran erinnern zu lassen. Es geht nicht wieder und wieder um unsere große Kraftanstrengung, nicht wir müssen dafür sorgen, dass Gott zum Zug kommt, mit dem ewig schlechten Gewissen, dass es immer zu wenig ist, was wir tun. Sondern: 'Ich tue es'. Nicht wieder diese ewigen Reden, was die Kirche tun müsste, um wieder in zu sein, um wieder an Bedeutung, an Gewicht zuzunehmen, gehört zu werden, einen Namen zu haben: 'Ich sorge für meinen Namen. Ich tue es'. Sich daran erinnern zu lassen: 'Gott ist im Regimente'. Das ist das Erste.

Aber genau da wandelt sich dieses wunderbare Wort und wird zugleich zur Zumutung und weckt alle die Zweifel und Fragen: Wo ist er denn - wo wird dieser wunderbare Geist spürbar und erkennbar?
Spricht nicht alles dafür, dass sich Gott aus dieser Welt verabschiedet hat? Sich in die Nische privater Frömmigkeit zurückgezogen hat?
In den bedrängenden Fragen, wie wir mit den Herausforderungen fertig werden, uns allein lässt.

Aber genau da wird diese Botschaft einmal mehr zur Zumutung, denn sie bedeutet: Gott handelt in Freiheit, er handelt auf seine Weise und nicht als letzte Ergänzung unserer Anstrengungen, wo wir nicht mehr weiter sehen, wo wir am Ende sind mit unserem Latein.

Diese Botschaft aufzunehmen heißt: Sich für diese Freiheit Gottes zu öffnen, und die eigenen Erwartungen, Programme und Lösungsmodelle loszulassen, sich zu öffnen für das Wirken seines Geistes, neugierig und mit offenem Blick hinzuschauen auf die weite Landschaft seines Wirkens, die wundersamen und überraschenden Spuren seines Wirkens zu entdecken.

Schon damals bei jenem denkwürdigen Pfingstfest ging es wundersam und überraschend zu, als Menschen von seinem Feuer ergriffen wurden. Aber das war nur eine Weise, in der Gottes Geist wirkte, auch wenn es dazu verlockt, diesen Geist deshalb in den besonderen Ereignissen zu suchen, die sich vom Normalen abheben.
Dieser Geist war genauso am Werk in dem Alltag der ersten Gemeinde, die deshalb Beachtung fand, weil sie anders lebte, ihr Eigentum teilte, sich um die Witwen und Kranke kümmerte und Arm und Reich an einen Tisch vereinte.

Es ist leicht im Rückblick die großen Taten Gottes zu loben. Anders ist es, wenn der Weg noch offen und voller Ungewissheit und voller Gefahren erscheint.
Und doch sind dies die Spuren, in denen wir die Zeichen dieses Wirkens erkennen können, wo Leben geachtet wird, wo Gemeinschaft gefördert wird, Grenzen überschritten werden, die unsere Ängstlichkeit zieht, wo die Verbundenheit alles Lebendigen, der Atem Gottes in allem, was lebt, erahnt und geglaubt wird.

Es ist leicht im Rückblick die großen Taten Gottes zu loben - anders ist es, wenn der Weg noch offen und voller Ungewissheit und Gefahren erscheint.

Ich sehe diese Spuren,
wo Menschen die Hand der Freundschaft ausstrecken zu Andersgläubigen und Andersdenkenden;
wo statt der Waffen Verhandlungen gesucht werden;
wo die Wunden der Vergangenheit gesehen und Zeichen der Versöhnung und der Vergebung aufgerichtet werden;
wo Menschen mit wachen Sinnen erkennen, dass die uns in die Hände gegebene Verantwortung, die Schöpfung mit zu gestalten, die Gefahr des Missbrauchs in sich birgt, und den Finger auf diese Wunde – oder mit einem anderen Wort – auf diese Sünde legen,
wo Menschen neu entdecken, dass Leben - auch ihr eigenes - ein Geschenk ist, das sich keiner selbst gegeben hat, und sie darüber dankbar werden.

Klar - immer bleibt die Frage offen: Warum wirkt dieser Geist Gottes nicht spürbarer, wirksamer - warum wirkt er nicht dort, wo Menschen entwürdigt, gefoltert, getötet werden, wo Menschen den Drogentod sterben?
Warum wirkt er nicht in der Familie, wo sich die Eltern nur noch bekriegen und Kinder die Opfer sind und fast programmiert werden, selbst wieder Täter zu werden?
Warum wirkt er nicht, wo der der Geist des Profits die Natur und damit die Lebensgrundlagen für uns alle zerstört?
Genau damit aber werden wir in die spannungsreiche Kraft, in die Dynamis dieses Geistes hineingezogen, wo wir spüren, wie dieser Geist, wie Gott uns ans Herz geht, wo es nicht mehr darum gehen kann, kühl und distanziert zu beurteilen, wie nun Gottes Geist wirkt, wo und wo nicht, sondern wo wir selbst mit verwickelt werden, mit leidend und mit freuend, dankbar oder seufzend nach ihm Ausschau halten.

'Ich will euch ein neues Herz geben', aus Fleisch und Blut, warm und lebendig. Das ist Gott schon längst am Wirken, unser Herz zu wandeln. Da, wo uns das Leid ans Herz geht, wo uns das Staunen die Augen übergehen lässt, wo die Freude über das Gute, das geschieht unser Herz höher schlagen lässt, wo wir uns mitten in dieser Bewegung entdecken, Gottes Wirken zu suchen und herbei zu bitten.

Da fängt er an und hat längst angefangen und nimmt uns mit, zieht uns mit in diese Bewegung, in der er mit uns, mit jeder und jedem Einzelnen zum Ziel kommen will. Ja, ich will es tun.

An uns liegt es, uns dieser Bewegung zu öffnen, diesen Herzschlag Gottes in unserem Herzen zu spüren, uns anstecken lassen von der Begeisterung, von dem Glück, dass Gott uns so nahe ist, nahe unserem Herzen.
Mit ihm zu leiden und mit ihm zu seufzen, wo dieser Geist nicht oder noch nicht durchdringt und Menschen ihr Herz verhärten und vor ihm und vor einander verschließen. Dann gilt es, umso mehr zu hoffen und zu bitten:

Das ist Gott schon längst am Wirken,
unser Herz zu wandeln,
wo uns das Leid ans Herz geht,
wo uns das Staunen
die Augen übergehen lässt.

Komm heiliger Geist,
erwecke deine Kirche
und fange bei mir an,
baue deine Gemeinde
und fange bei mir an.

Gott heiliger Geist,
lass Frieden überall auf Erden
kommen
und fange bei mir an.

Christus Heiliger Geist,
bringe deine Liebe und Wahrheit
zu allen Menschen
und fange bei mir an.

Komm Heiliger Geist
und erneuere du die Welt
und fange bei mir an.
Amen

(Quelle unbekannt)

2. Erprobung des Glaubens

Du unser Gott Jesus Christus,

nahe bist du uns
auf unseren Wegen,
bist bergender Schutz
und rettender Halt,
behütender Engel
und weisende Hand,
oft unbemerkt
und unerkannt.

Gott, wir danken dir
für deine Treue zu uns,
mit der du uns
durch unsere Tage begleitest.
Stärke du selbst
unser Vertrauen in dich.
unseren Mut, dir zu glauben.
Amen

Die Erprobung des Glaubens

Matthäus 4, 1-11
Schriftlesung: Matthäus 3,13-17

Liebe Gemeinde,
...und er sah den Geist Gottes wie eine Taube herabfahren und über sich kommen. Und eine Stimme vom Himmel herab sprach: Dies ist mein lieber Sohn, an dem ich Wohlgefallen habe. (Matthäus 3,13-17 Schriftlesung*)*
Dieser Satz mag noch in den Ohren Jesu nachklingen, als eben dieser Geist, Gottes Geist, Gott selbst Jesus in die Wüste führt, *damit...* – und nun im Originalton die heutige Predigtgeschichte, die bei Matthäus unmittelbar auf die Taufe folgt:

... damit er von dem Teufel versucht würde.
2 Und da er vierzig Tage und vierzig Nächte gefastet hatte, hungerte ihn.
3 Und der Versucher trat zu ihm und sprach: Bist du Gottes Sohn, so sprich, dass diese Steine Brot werden.

4 Er aber antwortete und sprach: Es steht geschrieben (5.Mose 8,3): »Der Mensch lebt nicht vom Brot allein, sondern von einem jeden Wort, das aus dem Mund Gottes geht.«
5 Da führte ihn der Teufel mit sich in die heilige Stadt und stellte ihn auf die Zinne des Tempels
6 und sprach zu ihm: Bist du Gottes Sohn, so wirf dich hinab; denn es steht geschrieben (Psalm 91,11-12): »Er wird seinen Engeln deinetwegen Befehl geben; und sie werden dich auf den Händen tragen, damit du deinen Fuß nicht an einen Stein stößt.«
7 Da sprach Jesus zu ihm: Wiederum steht auch geschrieben (5.Mose 6,16): »Du sollst den Herrn, deinen Gott, nicht versuchen.«
8 Darauf führte ihn der Teufel mit sich auf einen sehr hohen Berg und zeigte ihm alle Reiche der Welt und ihre Herrlichkeit
9 und sprach zu ihm: Das alles will ich dir geben, wenn du niederfällst und mich anbetest.
10 Da sprach Jesus zu ihm: Weg mit dir, Satan! Denn es steht geschrieben (5.Mose 6,13): »Du sollst anbeten den Herrn, deinen Gott, und ihm allein dienen.«
11 Da verließ ihn der Teufel. Und siehe, da traten Engel zu ihm und dienten ihm. (Matthäus 4, 1-11, Luther 2017)

Wie gut und wie bewundernswert, dass Jesus all die Versuchungen so souverän besteht und damit Vorbild und Anreiz ist, die Versuchungen, denen wir uns ausgesetzt sehen, ebenso souverän zu bestehen. Und dabei kann uns bei dem Wort Versuchung vieles einfallen, was jeder und jede von uns so als seine und ihre Versuchungen kennt Für manche tritt dies jetzt in der Fastenzeit wieder deutlicher ins Bewusstsein, wenn sie z.B. an der Aktion '7 Wochen ohne' teilnehmen und auf manche Versuchung verzichten. 7 Wochen ohne Schokolade, ohne Alkohol, weniger Fernsehen – eine gute Übung, die eigenen Versuchungen, die sich als Gewohnheiten eingeschlichen haben, auf den Prüfstand zu stellen, und wieder einmal mehr Herr und Frau im eigenen Lebenshaus zu werden. Anderes mag Ihnen dabei einfallen, was mit dem Wort 'Versuchung' in unserem Leben zu tun hat.

Doch diese Geschichte will mehr. Sie führt vom geöffneten Himmel in die Wüste, tief in unser Menschenleben.

Doch diese Geschichte will mehr. Sie geht tiefer und führt vom geöffneten Himmel, aus dem Gottes Stimme herab spricht, in die Wüste, tief in unser Menschenleben, in unsere menschliche Existenz.

Die Wüste wird da zum Bild für unsere Situation, in dem zum Vorschein kommt, was sich unter den greifbaren Versuchungen verbirgt: Unser Menschenleben letztlich als ein Ort der Bedürftigkeit und zugleich der Sehnsucht danach, erlöst zu werden, ein Ort des Hungers und zugleich des Kampfes darum, gesättigt zu werden, ein Ort der Ängste und zugleich der Anstrengungen, diese Ängste zu besänftigen.
In dieser Tiefe unserer Existenz soll sich bewähren, wird sich bewähren, wie weit der Glaube, das Vertrauen in Gott trägt, wie weit die Zusage Gottes, sein Wort hält, was es verspricht. Dahin geht Gott mit Jesus, in unsere Wüste, in die Tiefe und Abgründe unseres Lebens. Und – so verstehe ich die Geschichte – er bahnt einen Weg, auf dem wir ihm folgen können.

In dieser Tiefe unserer Existenz soll sich bewähren, wird sich bewähren, wie weit der Glaube, das Vertrauen in Gott trägt.

Drei Situationen sind es, die diese Wüstensituation kennzeichnen, drei Versuchungen, die das Leben in der Wüste schwer machen, drei Angriffe, mit denen der Versucher, der Diabolus, der Durcheinanderbringer, sich einmischt, sich einmischt mit dieser flüsternden Stimme, die von Anfang an die Menschen begleitet und schon Eva und Adam ins Ohr kroch, und die sich so leicht auch in unsere Gedanken, in unsere Gefühle, in unsere Entscheidungen einmischt, und die uns in unserer Verwundbarkeit, unserer Bedürftigkeit und in unsren Ängsten trifft.

Das erste ist der Hunger. Die älteren unter uns kennen vielleicht noch den wirklichen Hunger, damals nach dem Krieg, auf der Flucht, Hunger, wie Millionen Menschen ihn auch heute kennen, auch mitten unter uns. Und klar, wie toll, wenn da einer wäre, der Steine zu Brot machte und die Millionen vor dem Hungertod errettete.
Aber darum geht es in dieser Geschichte nicht. Dafür hat Jesus eine andere Lösung: Teilen. 5 Brote, 2 Fische und 5000 werden satt.
Hier geht es um seinen eigenen Hunger, und der Teufel sagt: Du hast es selbst in der Hand, du hast die Macht, deinen Hunger zu stillen, du Gotteskind, sorge selbst dafür, dass es dir gut geht. Und Sie ahnen, dass dahinter ein anderer tieferer Hunger sichtbar wird, wie wir ihn alle kennen, der Hunger nach Wohlsein, die Sehnsucht nach Zufriedenheit, nach Glück, danach, dass es uns gut geht – angetrieben von der Angst, am Ende doch zu kurz zu

kommen. Und die Lösung scheint: wenn ich mehr habe, werde ich zufriedener sein.
Das ist die Strategie der Werbung, die es uns einflüstert, dass wir zufriedener, glücklicher werden, wenn wir dies oder jenes haben, ein neues Gerät, Klamotten, Wohnungseinrichtung, oder Bücher – da weiß ich, von was ich rede. Ich will damit auch keine Klischees ausbreiten.
Die Frage ist: Wie stillen wir diesen Lebenshunger, bewältigen die Angst, nicht genug, nicht das Richtige zu haben? Diese Sehnsucht letztlich und zutiefst nach dem Frieden in mir.

Das Zauberwort, sagt der Teufel, ist: „mach es selbst, es ist dir in die Hand gegeben, entfalte, entwickle deine Möglichkeiten. Mach es selbst, kauf, und wenn nicht, stiehl es, und notfalls bringe den, der es hat, um". Natürlich machen wir das nicht. Aber wie rasch verdrängen wir den Gedanken, dass unser Wohlstand, unser Haben auch mit der Armut in vielen Ländern zu tun hat. Auch wenn das Bewusstsein gewachsen ist, und wir sicher strikt gegen Kinderarbeit sind, so kaufen wir doch gern billig ein, um viel zu haben.

Das Zauberwort, sagt der Teufel, ist:
„mach es selbst,
es ist dir in die Hand gegeben, entfalte, entwickle deine Möglichkeiten."

Ich weiß, das ist grob gezeichnet und birgt erneut die Gefahr von Klischees in sich. Die Frage ist: Was brauche ich für meine Zufriedenheit, meinen Frieden?

'Es steht geschrieben', sagt Jesus - der Mensch lebt zwar vom Brot, ja, aber das stillt nicht den Lebenshunger, rettet nicht vor der Unruhe, die dumpf in uns lauert. Erretten wird das Wort, das aus dem Munde Gottes geht, jenes letzte Wort, das ihm galt und in dem wir alle mit gemeint sind: *'Du bist mein geliebter Sohn'* – und ich füge hinzu - *'meine geliebte Tochter'*. Das stillt den Hunger, lässt die Angst zur Ruhe kommen, lässt mich mit dem zufrieden sein, was ich habe, hilft mir, den Neid auszuhalten, dass andere mehr haben. In diesem Wort, in diesem Zuspruch wird der Herzenshunger gestillt: Geliebt zu

Erretten wird das Wort, das aus dem Munde Gottes geht, jenes letzte Wort, das ihm galt und in dem wir alle mit gemeint sind:
'Du bist mein geliebter Sohn'.

sein, wertgeachtet zu sein. Und ist es nicht so, dass in der Liebe, d.h. wo wir in der Liebe wohnen, das Habenmüssen viel weniger wichtig ist?
Liebende, sagt man, leben von Luft und Liebe. Na ja, jungverliebt, später ist das anders. Und doch steckt darin ein Hinweis auf diese Wahrheit, wo und wie unser Hunger gestillt wird.

Das ist das erste und ein erster Schritt auf dem Weg, den uns Jesus zeigt: Da wo uns diese Unruhe, die Unzufriedenheit überkommt, diese flüsternde Stimme der Versuchung, unser Glück im Haben zu suchen, da gilt es, sich an das Wort zu erinnern, das uns zugesprochen ist: Du bist geliebt, ein geliebter Sohn, eine geliebte Tochter. Da gilt es die Erinnerung wachzurufen an die Liebe, die uns umgibt, und die Dankbarkeit für das Gute, das uns gegeben, geschenkt ist.

Das zweite. Auch anders kann uns der Hunger bedrängen - als Hunger nach Anerkennung, nach Gesehen-werden nach diesem "ich bin jemand, unverwechselbar, besonders". "Zeig, dass du dich traust, was niemand sonst sich traut," sagt der Teufel "spring, und alle Welt wird sehen, dass du etwas Besonderes bist, ein Liebling der Götter, von Engeln umgeben".

Dieses Hochgefühl, das uns immer wieder vermittelt wird von Menschen mit Höchstleitungen, dem ganz besonderen Hobby, dieses Bedürfnis – und sei es nur das Reiseziel – etwas ganz Besonderes zu erleben, und damit die anerkennenden Blicke oder Worte der Anderen zu ernten.
Und was wird nicht alles getan, um die Anerkennung zu bekommen, im Fernsehen der Superstar zu sein, in der Zeitung zu stehen - jeder liest sofort seinen Namen wenn er irgendwo in der Zeitung auftaucht - es gibt mich!
Teuflisch der Einflüsterer: *„Hat nicht Gott selbst gesagt"*, er werde dich darin unterstützen, etwas Besonderes zu sein. Der Sprung wird es erweisen, dass der Satz stimmt: Du bist der geliebte Sohn, an dem er Wohlgefallen hat.

„Nein", sagt Jesus, „es braucht diese Form der Anstrengung nicht.
Es braucht diesen Bungee-Sprung vom Tempel nicht.

„Nein", sagt Jesus, "es braucht diese Form der Anstrengung nicht. Es braucht diesen Bungee-Sprung vom Tempel nicht. Dass ich geliebt bin, weiß ich, warum sollte ich Gott auf die Probe stellen?" Gott versuchen, ob er hält, was er verspricht? Du bist mein geliebter Sohn, meine geliebte

Tochter. Das bist du, ob du Superstar bist oder nicht, du bist geliebt mit und ohne Karriere und Erfolg, mit und ohne wohlgeratene Kinder - oder was immer uns dabei einfallen mag.

Die Gewissheit, dass es gut ist, dass ich bin, und gut, so wie ich bin, die kommt nicht von außen, im Herzen ist die Botschaft zu hören: „Du bist geliebt. Es ist gut. Du bist mein geliebter Sohn, Tochter, an der, an dem ich Wohlgefallen habe.“

Das ist der 2. Schritt auf diesem Weg, den Jesus zeigt: Das Wort, das uns zugesprochen ist. Es fällt auf, wie sich Jesus in seiner Auseinandersetzung schlicht an das Wort der Bibel hält, ja er zitiert eigentlich nur – *„es steht geschrieben“.*
Wo wir so in Unruhe und Zweifel gezogen werden, da hilft es, solche Worte schlicht nachzusprechen *‚ich danke dir Gott, dass ich wunderbar gemacht bin‘* (Psalm 139). Da hilft es, sich abzuwenden von der flüsternden Stimme hin zu dem Wort, das da steht und in dem die Erfahrung der vielen Glaubenden vor uns bewahrt ist, es trägt. Ganz praktisch wird das in dem diesjährigen Fastenkalender vorgeschlagen, sich einmal vor den Spiegel zu stellen, sich anzuschauen und diesen Satz zu sprechen: “Ich danke dir Gott, dass ich wunderbar gemacht bin‘

Das dritte. *"…alle Reiche dieser Welt‘*. Das wär's, alles beherrschen zu können, alles im Griff zu haben. Aber gut: Ich will nicht die ganze Welt beherrschen. Mein eigener Herr, meine eigene Herrin, autonom zu sein und zu bleiben, das würde schon genügen. Das Schwerste, sagen viele, ist es, auf andere angewiesen zu sein.
Wie schwer ist das, wenn meine Bedürftigkeit, zum Beispiel während einer Krankheit, oder im Alter, nicht mehr kaschiert werden kann. Und was würde ich nicht alles tun, um dies zu vermeiden, selbstständig zu bleiben, alles im Griff zu behalten. Letztlich keine Bedürftigkeit mehr zu spüren, keine Angst mehr zu haben, letztlich alles zu beherrschen, selbst den Tod, ewig zu leben. Dieser uralte Menschenwunsch, ewiges Leben zu erreichen, um so dieser letzten Angst zu entgehen, alles loslassen zu müssen,

Dieser uralte Menschenwunsch,
ewiges Leben zu erreichen,
um so dieser letzten Angst zu entgehen,
alles loslassen zu müssen

Und was wird in dieser Welt alles aufgeboten, um dieser Angst zu entgehen. Bis hin zu der skurrilen, ich finde perversen Form, sich einfrieren zu lassen, um später, wenn die Medizin Alter und Sterben im Griff hat, wieder weiterleben zu können.
Noch erschreckendere ist für uns, wenn Macht und Gewalt genutzt werden, um sich die Welt untertan zu machen, ein Motiv in vielen Filmen. Doch wie real und erschreckend ist es für uns, wie Islamisten dies mit ihren Terrorakten verfolgen. Und dann mag uns unsere eigene Geschichte einfallen, der Größenwahn eines 1000jährigen Reiches, auch wenn es dann nur 12 Jahre dauerte.

Das macht deutlich, dass es in dieser Geschichte in der Wüste nicht einfach um die Versuchungen im Alltag geht, sondern um „Mächte und Gewalten“ wie Paulus es nennt, die sich in unsere Menschengeschichte je und je einmischen, sie oft genug ins Chaos stürzen

Und da sagt Jesus: Stopp! *„Weg mit dir, Satan!“* Dieser Angst und dieser verzweifelten Anmaßung, Gott zu sein, selbst ewig, unantastbar zu sein, und Andere zu unterdrücken, gilt sein schroffes 'Nein'!

Und mit dem 'Nein' verbindet sich die Kehrtwendung und Hinwendung zu dem hin, von dem wir alles empfangen, das Leben und die Gewissheit, dass es gut ist, dass ich bin, dass ich geliebt bin, die Zufriedenheit und die innerste Erfahrung, Teil des Ganzen zu sein, zudem auch die Anderen gehören, alle, und die ganze Schöpfung mit eingeschlossen. *"Du sollst anbeten den Herrn, deinen Gott, und ihm allein dienen."* Diesem Ganzen sollst du dienen.

In dieser Hinwendung, da füllt sich das Herz mit Engels Glanz, *„ da traten die Engel zu ihm und dienten ihm“* und ich erfahre, wo letztlich aller Hunger gestillt, alle Angst genommen werden.

Das ist der 3. Schritt auf dem Weg: Dann und wann ein klares Nein, ohne zu fragen oder zu diskutieren. Schlicht: Das will ich nicht! Bis hin in die kleine Alltagspraxis: Das will ich nicht, das klare Nein zu einer Gewohnheit, die mich bedrängt. Das klare Nein, wo Menschen niedergemacht werden. Das klare Nein, wo immer wir solche Mächte und Gewalten ausmachen.

Und andererseits und zugleich die rettende und hoffende Hinwendung zu dem, bei dem ich sein darf, angenommen bin mit meiner Bedürftigkeit, mit meinen Sehnsüchten und Ängsten, mit meiner Ohnmacht, diese Welt eben nicht retten zu können, sich hinzuwenden zu dem, der mit uns unterwegs ist in unseren Wüsten. Da öffnet sich der Himmel in mir, immer wieder, und ich höre die Stimme: Du bist mein geliebter Sohn, meine geliebte Tochter, an der, an dem ich Wohlgefallen habe.

Amen

Du unser Gott, Jesus Christus,

mitten in unserem
reichen Leben
deckst du unsere Wüsten auf,
unsere Bedürftigkeiten,
unsere Sehnsüchte
unsere Ängste,
bist mit uns unterwegs.

Nur ein Innehalten braucht es,
ein bereites Lauschen,
dich, dein Wort zu hören,
deinen Zuspruch zu uns,
deine Liebe zu spüren
in unserem Herzen
Du Gott des Lebens,
weck uns auf
dass wir umkehren
und das Leben suchen.
Amen

Du unser Gott, Jesus Christus,

dein Licht und deine Wahrheit,
das ist es, was wir brauchen,
Licht über unseren Wegen,

eine tragfähige Wahrheit
zwischen all den Worten,
die uns umschwirren,

einen Ort,
wohin wir uns wenden können,
wenn wir unsicher werden,
uns verloren fühlen.

'Ich bin das Licht und die Wahrheit',
sagst du
'bin der Weg', der zum Ziel führt,
durch alle Tiefen
und über alle Hindernisse,
dorthin, wo der Friede wartet
und unsere Seele zur Ruhe kommt.

Darum bitten wir dich:
Sende dein Licht und deine Wahrheit,
dass sie uns leiten,
jede und jeden
auf seinem und ihrem Weg.
Amen

Das Schwert der Entscheidung

Matthäus 10, 34-39

Liebe Gemeinde,

noch ist das Reformationsjubiläum mit seinen vielen Höhepunkten bis hin zum Gottesdienst am Dienstag gegenwärtig, Martin Luther mit seinen markanten Sätzen, die sich neu eingeprägt haben, sein "hier stehe ich, ich kann nicht anders, Gott helfe mir". Selbst wenn er es so vielleicht nicht gesagt hat,

diese klare Ansage seiner Position markiert noch immer eindrücklich diese Geschichte.
Und wie eine Bestätigung dieser kompromisslosen Haltung mag das heutige Predigtwort aus dem Matthäusevangelium klingen, wenn Jesus sagt:

34 Ihr sollt nicht meinen, dass ich gekommen bin, Frieden zu bringen auf die Erde. Ich bin nicht gekommen, Frieden zu bringen, sondern das Schwert.
35 Denn ich bin gekommen, den Menschen zu entzweien mit seinem Vater und die Tochter mit ihrer Mutter und die Schwiegertochter mit ihrer Schwiegermutter.
36 Und des Menschen Feinde werden seine eigenen Hausgenossen sein.
37 Wer Vater oder Mutter mehr liebt als mich, der ist meiner nicht wert; und wer Sohn oder Tochter mehr liebt als mich, der ist meiner nicht wert.
38 Und wer nicht sein Kreuz auf sich nimmt und folgt mir nach, der ist meiner nicht wert.
39 Wer sein Leben findet, der wird's verlieren; und wer sein Leben verliert um meinetwillen, der wird's finden. (Matthäus 10, 34-39 Luther 2017)

Man muss tief Atem holen bei diesen Worten.
Das klingt so gar nicht nach dem Jesus, wie wir ihn kennen oder zu kennen glauben, der liebevoll auf Menschen zugeht, ja, der dazu aufruft, selbst die Feinde zu lieben. Der Jesus, von dem wir gelernt haben und immer lernen, wie ein friedvolles Miteinander aussehen kann. In diesen Worten erscheint er eher als Unruhestifter denn als Friedensstifter.
'Ich bin nicht gekommen, Frieden zu bringen, sondern das Schwert'.
Man könnte darin den Aufruf hören, selbst zum Schwert zu greifen, wie das in der Geschichte dann auch geschehen ist, mit Gewalt das Evangelium zu verbreiten.

Doch gerade im Blick auf Martin Luther lässt sich zeigen, wie dieses Wort zu verstehen ist, nicht der Aufruf zum Krieg, sondern der scharf und zugespitzt formulierte Hinweis auf die Konsequenzen, die sich aus dem Weg Jesu für ihn und seine Nachfolger ergeben können. Konsequenzen nach innen und nach außen.

Da gerät der junge Student in ein Gewitter und voller Angst verspricht er, sollte er überleben, sein Leben Gott zu opfern als Mönch. Das klingt ein bisschen wie in manchen Märchen, doch es ist real, er wird Mönch. Was mag es ihn gekostet haben, das Gelübde jener Nacht ernst zu nehmen und gegen den Willen des Vaters einen eigenen Weg als Mönch zu gehen? Von da an redet der Vater über Jahre hin nicht mehr mit ihm.

Und wie viel bedrohlicher war es, als er genau diesen von ihm selbst gewählten Weg als Priester in seiner Kirche so nicht mehr weitergehen will. Der innere Kampf, die Ängste vor den Folgen, die Zweifel auszuhalten, dass er mit seiner Erkenntnis vielleicht doch falsch liegt. Und dann den Mut aufzubringen, diese Erkenntnis nicht nur für sich festzuhalten, sondern nach außen zu tragen, gegenüber Papst und Kaiser zu vertreten.

Es geht um diesen eigenen Weg und seine Konsequenzen.
Wie viele Konflikte entstehen, wo Menschen ihren eigenen Weg gehen – nicht immer zum Guten. Nicht immer entsteht eine Reformation, wo Menschen ihrer Erkenntnis folgen, auch Sekten gehen daraus hervor, Wege, die in leidvolle Trennungen führen. Wie viele Zerwürfnisse entstehen, wo Kinder ihre eigenen Wege gehen.

Wie viele Konflikte entstehen,
wo Menschen ihren eigenen Weg gehen –
nicht immer zum Guten.
Nicht immer entsteht eine Reformation.

Das ist so, ja, muss oft sein, damit der eigene Lebensweg entstehen kann, sei es im Beruf, in der Wahl der Partnerin des Partners, sei es bei politischen Entscheidungen für eine bestimmte Richtung, und wie furchtbar, wenn sie in die Irre führen, wo junge Menschen verblendet sich einem mörderischen System, dem IS anschließen.

Das ist so – und so klar sieht Jesus diesen Weg, dass, wer sich ihm anschließt, in diese Situation geraten kann. Der Vater von Petrus und Andreas und war vermutlich nicht begeistert, dass seine Söhne ihn mit den Fischernetzen allein lassen. Und die Frau des Petrus vermutlich genau so wenig, dass ihr Mann mit diesem Jesus herumzieht und nur noch ab und an zum Essen vorbeikommt.
So ist das.
Deshalb kommt alles darauf an, wofür einer und eine diesen Weg riskiert, welche Erkenntnis, welche Wahrheit es ist, die so tief ergreift, dass sie ihn und sie dazu bringt, einen solchen Weg einzuschlagen, und – vor allem - wohin dieser Weg führt.
Das ist die entscheidende Frage.

Genau da aber geht es für uns nicht um irgendeinen Weg, irgend eine Erkenntnis und auch nicht um irgendeinen Guru, sondern um den, der für Martin Luther gerade zur Antwort für seine Ängste und Zweifel geworden ist, um Christus, in dem ihm der von ihm so verzweifelt gesuchte gnädige Gott begegnet. ER ist es, der ihn zu dieser Erkenntnis erlöst,*" 'Gott ist Liebe' in diesem Worte ist das ganze Euangelion, das bringet Christus mir alle Tage zum Morgen- und zum Mittag- und zum Abendmahl".*

Das ist die Mitte, und von daher, und <u>nur</u> von daher – das ist letztlich die reformatorische Erkenntnis - entfaltet sich, was mit diesem Weg verbunden ist. Und alle Worte und Taten Jesu werden zum Lehrbuch, wie diese Liebe Gottes aussieht, wie sie sich denen zuwendet, die der Liebe besonders bedürftig sind, wie sie das Herz füllt und Menschen in einer fröhlich Gemeinschaft verbindet, wenn sie miteinander essen und trinken und feiern, wie sie mutig macht, davon zu reden, und mehr noch sie selbst zu praktizieren.

Das war es, was die Menschen berührt, ergriffen hat, diese Mitte, was wie ein Licht, wie 'der Morgenstern in ihren Herzen aufging' – so nennt es der Schreiber im Brief an die Christen in Kollossae.
Genau das aber hat schon die Christen damals in Konflikte gebracht, ganz sicher in ihren Familien, mit ihren Nachbarn, vor allem aber mit dem System, der kaiserlichen Macht. Denn das bedeutete, sich zu diesem 'König', zu Christus als letzte Instanz zu bekennen und nicht zum Kaiser. Und es bedeutete, diese Überzeugung durchzuhalten, nicht selbst zum Schwert zu greifen, sondern das Schwert zu erleiden, um dieser inneren Wahrheit willen.

Das ist nicht unsere Situation.
Wir leben in einer von christlichen Werten geprägten Gesellschaft, in der diese Urbotschaft über die Jahrhunderte ihre Wirkung entfaltet hat und Vieles davon bis in unser Sozialsystem und in unsere Gesetze Eingang gefunden hat. Man mag es auch daran ablesen, dass es bei uns nicht wirklich gefährlich ist, sich zur Kirche zu zählen. Es mag Diskussionen auslösen, aber niemand erhebt das Schwert. Sich für den Konfirmandenunterricht zu entscheiden, mag irgendwelche Bemerkungen von Mitschülern hervorrufen, aber ohne weitere Folgen in der Klasse oder im Fußballteam.

Dass das in anderen Ländern anders ist, wissen wir. Dass in vielen Ländern Christen um ihres Glaubens willen verfolgt werden, ist ein tiefer Schmerz. Und er stellt die Frage an uns, wo die Stimme der christlichen Kirchen bleibt.

Dass eine afghanische Familie, die sich als Christen outet, auch bei uns unter den muslimischen Nachbarn auf Ablehnung stößt, auch das ist so, und bedeutet für einerseits, sie umso mehr zu unterstützen, sie zu stärken und zugleich Wege zur Verständigung zu suchen.

Klar, da ist auch in der Geschichte des Christentums die breite dunkle Spur des Missbrauchs, die Verkehrung dieses Wortes Jesu, die zu Krieg und endlosem Leid geführt hat.
Und bitter ist auch, dass selbst ein Martin Luther seine Erkenntnis nicht durchgehalten hat und gegen die Bauern und gegen die Juden zumindest mit Worten zum Schwert gegriffen hat.

Aber der Blick in die Geschichte und zu anderen Ländern hin darf uns nicht von der Frage ablenken, wo denn für uns mitten in unserem Land, an unserem Platz, der Satz Luthers zu unserem Bekenntnis werden will: 'Hier stehe ich, ich kann nicht anders'? Wo wir gefragt sind, unseren Glauben, unsere Zugehörigkeit, Verbundenheit mit Christus zu bekennen? Wo wir, ich, jeder und jede von uns gefragt sind, den eigenen Weg in der Nachfolge zu gehen.

> Der Blick in die Geschichte darf uns nicht von der Frage ablenken, wo denn für uns der Satz Luthers zu unserem Bekenntnis werden will

Und jetzt will ich nicht aufzählen, wo das zu geschehen hätte, in unserer Kirche, in unserem Land.
Denn genau das gehört dazu, dass dieser Jesus uns auf unseren eigenen Weg ruft, an dem Ort und in diesem Leben, wo ich bin, unseren Glauben zu leben, oder mit seinen Worten 'unser Lebenskreuz' auf uns zu nehmen. Das geschieht nicht irgendwo, sondern 'hier stehe ich'.
Deswegen lade ich Sie und Euch für einen kurzen Augenblick ein, für sich zu prüfen, wo dieser Satz zu meinem Satz wird: 'Hier stehe ich, ich kann nicht anders. Gott helfe mir'. Wo ich ahne, dass meine Entscheidung, mein Mut gefragt ist.

Oft sind es die kleinen täglichen Entscheidungen, die die Konflikte mit sich bringen können, mich für einen Menschen einzusetzen, soll ich etwas sagen, oder mich in einem Konflikt dazwischen zu stellen – vielleicht in meinem nächsten Umfeld, der Familie, die Aggressionen auszuhalten, ohne immer schon zu wissen, wie die Lösung aussehen kann.

Es sind nicht so sehr die großen Szenen, in denen sich zeigt, ob wir von Jesu Botschaft ergriffen sind, wie wir diese Liebe umsetzen, weitergeben.
Ein Kennzeichen kann sein, wo wir die Schneide dieses Schwertes spüren, wo es darum geht, Mut, Zivilcourage zu zeigen.
Nicht immer ist das so klar, wo mein Bekenntnis gefordert ist, wie das bei Martin Luther in Worms scheint. Die Frage geht tiefer: Ob ich mich überhaupt fragen lasse, wo mein 'hier stehe ich' gefordert ist.

Wer in der Verbundenheit mit Christus ist,
der wird tief innen dieses Leben spüren,
das Christus schenkt, eine Liebe,
in die dieser Christus uns eintaucht
'wie in ein Bad'.

Und genau da, um dies zu erkennen, braucht es den immer neuen Blick zu dem hin, der Grund und Orientierung für uns ist, der sagt: *wer sich an mir orientiert, der wird wahres Leben finden.* Wer in der Verbundenheit mit diesem Grund, mit Christus ist, der wird zu Entscheidungen kommt, die schwer oder schwierig sein mögen, die wie ein Schwert die Seele durchdringen können, der wird auch alle Unsicherheit aushalten können und mutig Entscheidungen treffen können, und mitten drin tief innen dieses Leben spüren, das Christus schenkt, eine Quelle, die fließt, unversieglich, eine Liebe, in die dieser Christus uns eintaucht 'wie in ein Bad', sagt Martin Luther 'darin wir getaucht werden und uns wärmt und wäscht und fröhlich macht wie ein Kindlein im Wäschetrog'.

Dann kann es sein, dass ich den Ort finde, zu dem mich diese Liebe ruft, an den ich bisher nicht gedacht habe, mein Ort, an dem ich mutig sage: Hier stehe ich, ich kann nicht anders. Gott helfe mir' und alle Konsequenzen, die es bringt, mutig auf mich nehme.
Gott schenke uns dazu seinen Geist. Amen

Du Gott, Jesus Christus,

du bist es,
der uns immer neu anspricht
und ruft,
unseren eigenen Weg
zu suchen - mit dir,
der uns auffordert
und ermutigt,
unser Bekenntnis zu wagen
im Vertrauen auf dich,
auch dort,
wo wir unsicher sind,
wo Konflikte und Einsamkeit warten
-
am Ende
sind wir noch immer bei dir,
umschlossen von deiner Liebe.
Amen

Du unser Gott,

mit dir zu gehen
deinen Weg
durch diese Welt,
nachzufolgen deinem Sohn Jesus
Christus -
wie mühsam
erscheint dieser Weg,
wie wenig erstrebenswert sein
Ziel: Das Kreuz.

Und doch ahnen wir,
dass es um uns geht,
um unseren Weg,
um unser Kreuz
um unsere Auferstehung,
die tiefe und letzte Wahrheit
in unserem, Leben,
dass du uns liebst.
Wir bitten dich,
lass uns diese Wahrheit
erkennen
tief in unserem Herzen.
Amen

Was ist Wahrheit

Johannes 18

Palmsonntag

Liebe Gemeinde,

Palmsonntag – damit verbinden wir die Bilder vom Einzug Jesu in Jerusalem, wie wir das vorhin gehört haben, den Esel und die Palmen, die Kleider auf dem Weg und die 'Hosianna'-Rufe.
Aber wer ist das, der da in Jerusalem einzieht? Oder anders gefragt: Wofür steht der, der da auf dem Esel sitzt? Ein wenig tiefer geschaut: Wer oder was zieht da mit Jesus in Jerusalem und nicht nur dort und damals, sondern in unsere Welt ein?

Der Schreiber des Johannesevangeliums sagt: Mit Jesus zieht die Wahrheit ein, die innerste und umfassende Wahrheit über uns und unsere Welt, eine Wahrheit, die sich dem erschließt, der sich ihr öffnet,

Und sichtbar, erkennbar wird diese Wahrheit letztlich in dem Prozess, genauer in den Verhören, die nach der Gefangennahme Jesu dort in Garten Gethsemane folgen.

Und so stellt die fortlaufende Lesung der Passionsgeschichte nach dem Johannesevangelium, der wir in diesem Jahr folgen, am Palmsonntag diesen Abschnitt in den Mittelpunkt: Das Verhör Jesu durch Pilatus. (Ich werde den Predigttext aus dem Johannesevangelium, Kapitel 18 heute erzählend in die Predigt einflechten).

'Was ist Wahrheit' – so fragt Pilatus in seinem Verhör, dieser sprichwörtlich bekannte Satz des Pilatus. Und schon sind wir mitten in den Auseinandersetzungen und Fragen, die uns ganz aktuell begegnen, wenn mit gefälschten Wahrheiten Wahlen beeinflusst werden - wenn denn das denn die Wahrheit ist. Wenn nicht nur in der Politik und nicht erst heute die Wahrheit den unterschiedlichen Interessen angepasst, gebogen und verfälscht wird, Abgaswerte manipuliert werden, und auch wir selbst uns mit Notlügen aus schwierigen Situationen retten.

Was ist Wahrheit?

Die Wahrheit der religiösen Führer damals war: Dieser Jesus wiegelt das Volk auf, er bedroht unsere Autorität, unsere Macht: Er muss ausgeschaltet werden. *'Es ist besser, ein Mensch stirbt, als dass das ganze Volk verderbe'*, das ist ihre Wahrheit.
Das Problem war dabei, dass nur die Staatsgewalt, Pilatus, die Todesstrafe verhängen konnte.
Also muss man die Wahrheit so präsentieren, dass Pilatus sie schluckt. Und so machen sie aus Jesus schlicht einen Kriminellen: Auf die Frage, *'was für eine Klage bringt ihr vor gegen diesen Menschen'* antworten sie: *'Wäre dieser nicht ein Übeltäter, wir hätten dir ihn nicht überantwortet'.*

Aber Pilatus genügt das nicht. *'So nehmt ihr ihn und richtet ihn nach eurem Gesetz. Da sprachen die Juden zu ihm: Es ist uns nicht erlaubt, jemanden zu töten.'*
Das ist ihre Wahrheit, *'er muss weg'*. Jetzt ist es öffentlich.

Und Pilatus muss diese Wahrheit prüfen, muss klären, ob das, was gegen Jesus vorgebracht wird, nach den staatlichen Gesetzen gerechtfertigt ist. Droht von diesem Mann die Gefahr eines Aufruhrs. *'Bist du der Juden König?'* fragt er. Aber wie soll er das wissen?
"Sagst du das von dir aus, oder haben dir's andere über mich gesagt?" fragt Jesus. Woher hast du deine Information, aus welcher Nachrichtenquelle? Der Geheimdienst? Oder ist es nur, was diese Juden als Wahrheit verkaufen? Noch bleibt Pilatus bei seiner Linie, lässt sich nicht darauf ein. Sein Job ist es, herauszufinden, was Sache ist, so fragt er Jesus direkt: *'Was hast du getan?'*
Und dieser antwortet mit den rätselhaften Sätzen: *'Mein Reich ist nicht von dieser Welt. Wäre mein Reich von dieser Welt, meine Diener würden darum kämpfen, dass ich den Juden nicht überantwortet würde; aber nun ist mein Reich nicht von hier.'*
Da sprach Pilatus zu ihm: 'So bist du dennoch ein König?' Jesus antwortete: 'Du sagst es: Ich bin ein König. Ich bin dazu geboren und in die Welt gekommen, dass ich die Wahrheit bezeuge. Wer aus der Wahrheit ist, der hört meine Stimme.'
Spricht Pilatus zu ihm: 'Was ist Wahrheit?'

Es geht um eine tiefere Wahrheit, die uns als Menschen in unserem Selbstverständnis betrifft.

Jetzt wird es deutlicher: Es geht um Wahrheit noch in ganz anderer Weise, eine Wahrheit, die nicht mit richtig oder falsch zu messen ist, ob er nun das Volk aufwiegelt oder nicht – darüber könnte Pilatus sein Urteil sprechen – sondern es geht eine tiefere Wahrheit, die uns als Menschen in unserem Selbstverständnis betrifft. Sie heißt für Jesus – und nun nehme ich die Grundbotschaft des Johannes auf -, dass diese Welt zur Liebe bestimmt ist, dass sie es ist, durch die wir Menschen, ja alles Geschaffene seine Würde empfängt, leben zu können und leben zu dürfen. *'Gott'*, so wird ein Schüler des Johannes kurz und bündig festhalten, *'ist Liebe'* (1. Johannes 4,16). Das innerste Geheimnis und zugleich die Hoffnung inmitten dieser chaotischen Welt ist die Liebe, ist die Achtung und Wertschätzung, die Hinwendung gerade zu denen, die so wenig abbekommen von dieser Achtung.

Pilatus ahnt, dass ihm eine Wahrheit begegnet, über die er nicht urteilen kann. Das ist nicht die Aufgabe als Vertreter der Staatsmacht. Er kann dafür sorgen, dass der Frieden, auch der religiöse Frieden gewahrt bleibt – das war Aufgabe des ihm von Rom übertragenen Amtes.
Und er erklärt den Anklägern: 'Ich finde keine Schuld an ihm' und traut sich doch nicht, seine Entscheidung um- und durchzusetzen. Aus Angst, aus Feigheit wählt er den Ausweg und spielt damit den Anklägern in die Hände: Er bietet die am Passafest übliche Amnestie an. Sie, die Ankläger sollen entscheiden: Jesus oder Barabbas *' Barabbas aber war ein Räuber'*, ein zum Tod verurteilter Krimineller.
Obwohl es für einen Unschuldigen - sein Urteil über Jesus - keine Amnestie braucht, bietet er die Alternative an, als wäre Jesus doch schuldig. Die Klarheit, die er zunächst gewonnen hatte, schwindet, die Wahrheit wird aufgeweicht. Pilatus verstrickt sich in der Falle der Unentschiedenheit.

Draußen auf dem Platz ist die Entscheidung längst gefallen: *'Kreuzige ihn'*. Wir wollen Barabbas. Die Verblendung, der Hass ist nicht an der Wahrheit interessiert. Alles wird dem vorgefassten Urteil untergeordnet und verdreht. Und wie verdreht die Wahrheit daher kommt! Sie klagen Jesus vor Pilatus als politischen Unruhestifter an und entscheiden sich für Barabbas, der gerade deswegen im Gefängnis sitzt.

Und auch ein zweiter Versuch des Pilatus, seiner Einsicht in die Unschuld Jesu zu folgen und Jesus als harmlos und unschuldig zu präsentieren verfängt nicht: Er lässt ihn geißeln und von den Soldaten als Narrenkönig mit Dornenkrone und Purpurmantel vorführen, und ohne zu wissen, wie nahe er gerade damit der Wahrheit ist, deutet er auf Jesus und sagt: *'Seht welch ein Mensch. Ich finde keine Schuld an ihm'.* Aber das Kalkül geht nicht auf. Die draußen wollen seinen Tod. Welche Macht der Interessen, die Lügen und Fake-News erfinden, auf bewusste Falschinformation setzen, entwickelt sich da, entwickelt sich immer wieder, vor unseren Augen, setzt sich fort.

In den Köpfen gibt es nur noch diese
Wahrheit, die wie ein Echo
immer neu zurückschallt:
'Er muss sterben, weg mit ihm'.

Wo der Vorwurf des Übeltäters, des politisch motivierten Kriminellen, der König der Juden, nicht mehr greift, wird eine neue Wahrheit über Jesus verkündet: *'Er hat sich selbst zu Gottes Sohn gemacht. Wir haben ein Gesetz, und nach dem Gesetz muss er sterben.'*

In den Köpfen gibt es nur noch diese Wahrheit, die wie ein Echo immer neu zurückschallt: *'Er muss sterben, weg mit ihm'*. Etwas anderes dringt nicht mehr durch. Gefangen in diesem Echoraum der eigenen Meinung, des vorgefassten Urteils kommt nichts Anderes mehr an, schallt nur noch die eigene Meinung zurück. Und Fakten und Einsichten werden gefälscht, und offensichtliche Unwahrheiten zur Wahrheit erklärt.

Postfaktisch nennen wir das heute, wenn nicht mehr Tatsachen und Wahrheiten zählen, sondern jenseits aller Fakten, wirtschaftliche Interessen und der Kampf um Macht.
Dann sind mehr Leute auf dem Platz bei der Einführung des Präsidenten als Fotos belegen, alternative Fakten heißt das dann. Und Demokratie ist, wenn das Volk das sagt, was die Mächtigen vorgegeben haben. Dann sind – und bitter die Erinnerung an unsere Geschichte - alle Juden eine auszulöschende Rasse und behinderte Menschen lebensunwert. Dann bestimmen Meinungen, Falschmeldungen, Fake-News die Entscheidungen über das Schicksal von Millionen von Menschen.
Und wie sehr sind wir selbst gefangen in diesem Dschungel von Lüge und Wahrheit, in den Echoräumen unserer Wahrheiten, über andere Menschen, selbst über nächste Vertraute, über das Leben, und was wirklich zählt, über die da oben und die Flüchtlinge oder was auch immer - das ist so.

Und mitten drin dieser Eine, der die eine Wahrheit festhält, für die er steht, auf die es ankommt: Ihr seid Kinder Gottes.

Und mitten drin dieser Eine, der die eine Wahrheit festhält, für die er steht, auf die es ankommt: Ihr seid Kinder Gottes, Kinder seiner Schöpfung, die aus der Güte Gottes lebt, Leben in Fülle für alle: Dafür stehe ich, *'dazu bin ich geboren und in die Welt gekommen, dass ich die Wahrheit bezeuge. Dazu bin ich in die Welt gekommen, damit ihr das Leben und volle Genüge habt' (Johannes 10,11)*, Leben in der Verbundenheit mit diesem Ursprung, mit Gott, den er Vater nennt. Leben in der Verbundenheit, in der Gemeinschaft mit anderem Leben. Dafür hat er gelebt. Dafür ist er gestorben – unbeirrt treu seiner Wahrheit noch im Sterben, wenn er sieht wie die Verblendeten einer falschen Wahrheit zum Opfer fallen *'vergib ihnen, sie wissen nicht was sie tun' (Lukas 23,24).*

Er ist es, der in Jerusalem einzieht mit dieser Wahrheit mitten in den Dschungel der Lügen und Kämpfe um Macht und Interessen. Er ist es, der dorthin geht, wo die Opfer und Leidenden, die Armen und Verratenen zu finden sind. So zieht er ein in diese Welt und verkündet seine Wahrheit, sein Evangelium, damit die, die sich dafür öffnen, sie in sich wahr sein lassen, das Glück, die Freude und die Freiheit schmecken, zu der sie diese Wahrheit befreit.
Diese Wahrheit ist es, aus der wir zutiefst selbst die Kraft schöpfen und die Orientierung, uns in diesem Dschungel, zwischen Wahrheit und Lüge zurecht zu finden, bereit, unsere eigenen Echoräume immer wieder zu verlassen, unsere festgelegten Urteile zu überdenken und dieser Wahrheit zu lauschen.
Und das heißt einerseits, wachsam sein, ja misstrauisch gegen die Meinungsmacher, selbst wenn sie 'Hosianna' rufen, wachsam zu sein auch dort, wo sich das Misstrauen selbst zur Wahrheit erklärt nach dem Motto 'die lügen doch alle' und Menschen sich dem Ringen um Wahrheit entziehen.

Und das heißt andererseits, uns einzumischen, wenn über Andere geredet wird, Fake-News verbreitet und Menschen gemobbt werden – Luther hat das schon im Katechismus 'Falsch Zeugnis' genannt. Und es heißt die Auseinandersetzung zu wagen, die festgelegten Meinungen aufzubrechen und andere Töne in die Gespräche einzubringen, wenn es wieder nur um Bestätigung festgelegter Vorurteile und Meinungen geht.

Letztlich heißt das, immer neu zu lauschen auf ihn, den Zeugen der Wahrheit, der sagt: *'Bleibt an mir, an meinem Wort, und ihr werdet die Wahrheit erkennen und die Wahrheit wird euch frei machen' (Johannes 8,32)*.
Dafür steht der, der damals in Jerusalem und immer neu in unsere Welt, in unser Herz einziehen will. Amen

Du unser Gott,

den wir Vater nennen,
wie er dich genannt hat,
Jesus Christus,
Zeuge deiner Wahrheit über uns:
mit unendliche Güte umfasst du unsere Welt;
unzerstörbare ist deine Liebe,
die unser Herz berührt;
Leben in Fülle schenkst du
inmitten dieser todbedrohten Welt

Wir bitten dich,
bewahre uns in deiner Wahrheit
inmitten allem Streit um Wahrheit und Lüge,
um Macht und Ansehen.
Amen

(zu Psalm 63)

Du unser Gott, Jesus Christus,

'Meine Seele hängt an dir;
deine rechte Hand hält mich'
so sprechen wir,
und so möchten wir dich glauben,
dass du mit uns bist,
Atem unserer Seele,
Halt auf unserem Wege,
geborgen
unter dem Schatten deiner Flügel.

Wir bitten dich.
Geh auf mit deinem Himmel
über uns,
dass wir uns und unsere Welt
in deinem Licht
neu sehen und verstehen lernen
und unseren Weg finden.
Amen

Ein Seufzer zum Himmel

Römer 8, 15-28
Volkstrauertag

Liebe Gemeinde,
"Die ganze Welt ist ein großer Seufzer, der zum Himmel aufsteigt" – schreibt die Leiterin des ökumenischen Zentrums für Flüchtlinge in Thessaloniki in Griechenland in einem Blog nach dem Besuch eines Flüchtlingscamps.
"Die ganze Welt ist ein großer Seufzer, der zum Himmel aufsteigt".
Ich denke, es fällt uns nicht schwer, diesen Satz nach zu empfinden, ja mit einzustimmen, mit unseren Seufzern, wenn wir die Nachrichten sehen, die Zeitung aufschlagen, was sich so in dieser Woche getan hat und sich weiter tut, wenn wir an die vielen Schreckensorte in dieser Welt denken.
Die Seufzer, die an diesem Tag heute, am Volkstrauertag, in Erinnerung an jenes Elend, auch wenn es Jahrzehnte zurückliegt, noch immer tief in der Seele aufbrechen können.

Und auch ganz nah zu unserem Lebensumfeld, der Seufzer, der sich löst, wenn wir am Bett eines kranken Angehörigen stehen, mit der Freundin sprechen, die um ihren Mann trauert, wenn wir an die Nachbarn mit ihrer Not denken, an uns selbst, wenn alles zu viel wird, was auch noch zu tun wäre, wenn die Ungewissheit, wie alles weitergehen soll, den Schlaf raubt,
Seufzer, die aus der Tiefe der Seele zum Himmel aufsteigen. Das Seufzen, das gehört wohl zu uns Menschen.

Forscher haben festgestellt, dass Erwachsene im Schnitt alle 5 Minuten seufzen, also 12 mal in der Stunde, nicht immer mit dem Gedanken an eine Not, meist ohne es selbst zu bemerken – dieser tiefe Atemzug, so sagen sie, ist ein Hilfsmittel des Atemkontrollzentrums in unserem Gehirn, um damit die Luft in den Lungen bis in die letzten Lungenbläschen zu transportieren und mit frischem Sauerstoff zu versorgen. Und genau betrachtet ist es damit nicht nur dieses Schwere, Belastende, was wir mit dem Seufzen verbinden, sondern es löst sich dann auch wieder in dieser Bewegung der Erleichterung, im Ausatmen, nimmt das Schwere und die Last auf und lässt sie auch wieder los.
'Ach Gott', dieser Stoßseufzer, der auch Menschen auf die Lippen kommt, die mit Gott sonst nichts am Hut haben, in dem sich – unbewusst - ein tiefes Wissen erhalten hat, dass wir Menschen uns letztlich angesichts der Not nach einer größeren Erlösung sehnen.

Ja, sagt Paulus, so ist das, und auch wir Christen, die doch wissen, von wo wir unsere Erlösung erwarten, denen Gott seinen Geist gegeben hat, *auch wir* – sagt er - *seufzen und warten auf die Erlösung,* - und jetzt Originalton des Predigtwortes aus dem Brief an die Christen in Rom:

weil die volle Verwirklichung dessen noch aussteht, wozu wir als Gottes Söhne und Töchter bestimmt sind: Wir warten darauf, dass auch wir erlöst werden.
Unsere Errettung schließt ja diese Hoffnung mit ein. Nun ist aber eine Hoffnung, die sich bereits erfüllt hat, keine Hoffnung mehr. Denn warum sollte man auf etwas hoffen, was man schon ´verwirklicht` sieht?
Da wir also das, worauf wir hoffen, noch nicht sehen, warten wir unbeirrbar, ´bis es sich erfüllt`.
Und nicht nur wir, die gesamte Schöpfung wartet sehnsüchtig darauf, dass die Kinder Gottes in ihrer ganzen Herrlichkeit sichtbar werden.

Denn die Schöpfung ist der Vergänglichkeit unterworfen, allerdings ohne etwas dafür zu können. Sie musste sich dem Willen dessen beugen, der ihr dieses Schicksal auferlegt hat. Aber damit verbunden ist eine Hoffnung:
Auch sie, die Schöpfung, wird von der Last der Vergänglichkeit befreit werden und an der Freiheit teilhaben, die den Kindern Gottes mit der künftigen Herrlichkeit geschenkt wird.
Wir wissen allerdings, dass die gesamte Schöpfung jetzt noch unter ihrem Zustand seufzt, als würde sie in Geburtswehen liegen.
Deshalb meine ich auch,
dass die Leiden der jetzigen Zeit nicht ins Gewicht fallen, wenn wir an die Herrlichkeit denken, die Gott bald sichtbar machen und an der er uns teilhaben lassen wird. (Römer 8, 18-25 in anderer Reihenfolge, Neue Genfer Übersetzung)
Die zukünftige Herrlichkeit. Das ist unsere Hoffnung, dass über dieser Erde, über unserem Leben der weite und lichterfüllte Horizont Gottes aufleuchtet.

Das ist unsere Hoffnung,
dass über dieser Erde, über unserem Leben
der weite und lichterfüllte Horizont Gottes
aufleuchtet.

In jedem Seufzer wird etwas von dieser tiefen Sehnsucht spürbar. Der große Theologe Karl Barth konnte sagen, dass seine ganze Theologie in 2 Wörtchen zusammengefasst werden könnte: 'Ach Gott', in diesem kleinen Seufzer, mit dem wir zu Gott sagen 'ach ja' – da steckt alles drin, das Weh und das Ach dieser Welt, wie sie ist, und die ganze Hoffnung, zu der wir fähig sind, dass nicht alles so bleiben muss, wie es ist, 'Ach Gott, in diesem kleinen Seufzer.

Paulus fällt dazu das Seufzen bei der Geburt ein, das sich in der Regel in das glückliche Ausatmen und die Erleichterung eines neugeborenen Lebens löst. Ein Bild, das wir gut mitvollziehen können. Für Paulus verbindet es sich mit der Erwartung der nahen Wiederkunft Christi, dass diese Herrlichkeit schon bald die Welt erfüllen wird, vielleicht, dass er es noch zu seinen Lebzeiten erleben wird.
Das aber hat sich nicht erfüllt. Diese Erwartung dehnt sich und dehnt sich, und keine Erlösung. Und deshalb können auch viele mit dieser Erwartung nichts mehr anfangen.
Zu lange schon dauert das Seufzen über die nicht endende Not, zu lange schon zeigt die Erfahrung, wie alle Hoffnung, dass die Menschheit sich zum Besseren hin entwickeln wird, immer neu enttäuscht wird.

Und wahr ist auch, dass viel zu leicht und einfach diese Bilder einer zukünftigen Herrlichkeit missbraucht wurden, um die Menschen über das Jammertal hinwegzutrösten, das berühmte Opium des Volkes, wie Karl Marx sagte. Und leider hat die Kirche selbst dazu beigetragen, diese Hoffnung in ein Jenseits zu verschieben und damit bei vielen ihre Glaubwürdigkeit verspielt, wenn diejenigen, denen es gut geht, andere in ihrem Leid damit zu trösten damit versuchen, dass sie es dann einmal gut haben werden, wenn z.B. eine reiche Kirche dies den Armen predigt.
Doch das ist nicht alles. Und wir wären und sind heute nicht hier, wenn es in unserem Glauben um Vertröstung ginge, wie auch heute Atheisten gerne unterstellen. Wir sind hier, weil unser Glaube von einer Hoffnung spricht, ja eine Hoffnung in sich birgt, die sich eben nicht erst dann irgendwann erfüllt, sondern schon jetzt ihre Kraft entfaltet mitten in dieser Welt, so wie sie ist.

...weil unser Glaube eine Hoffnung in sich birgt, die sich eben nicht erst dann irgendwann erfüllt, sondern schon jetzt ihre Kraft entfaltet mitten in dieser Welt, so wie sie ist.

In Christus, in seiner Auferstehung ist sie als leuchtende, berührende, das Herz füllende Kraft sichtbar geworden. Als die Kraft, die schon jetzt diese Welt durchströmt, als Kraft des Lebens gegen den Tod, als Kraft der Liebe gegen die Lieblosigkeit, als Kraft der Gerechtigkeit gegen die Ungerechtigkeit. In Christus ist diese Hoffnung endgültig und glaubhaft in unsere Welt hinein geboren, nicht erst dann, sondern schon jetzt.

Und in jedem Seufzer berühren wir sie, in jedem Aufatmen werden wir daran erinnert: Es ist wahr, es gibt inmitten des Leids diese Berührung mit dieser Gotteskraft, mehr noch das Leuchten einer das Leid übersteigenden Herrlichkeit,
- es gibt die Hand, die einen Anderen in seinem Leid berührt und hält, und es gibt das Aufleuchten in den Augen, wenn er diese Hand spürt,
- es gibt die Helfer, die durch die Flüchtlingscamps gehen, Lebensmittel verteilen oder medizinische Hilfe bringen und es gibt die Antwort, die in den Gesichtern der Menschen aufscheint,
- es gibt die Menschen, die diejenigen, die ihr Haus verloren haben, wie zuletzt bei dem Erdbeben in Italien, in ihr Haus aufnehmen und die Tränen der so Geretteten spiegeln die Erleichterung;

- es gibt die Nachbarn, die hingehen und fragen, wie sie der Mutter mit dem kranken Kind helfen können, und diese zeigt mit ihrem Lächeln, dass es ihr guttut;
- es gibt die Politiker, die besonnen auf den Präsidenten in den USA reagieren und Mut machen, dass sich auch jetzt ein Weg finden wird. Klar, kann man sagen, es bleibt nichts anderes übrig.
Aber ist Besonnenheit nicht auch eine Spur dieser Hoffnung?
Ist die mühsame Suche nach Wegen, wie wir mit der Flüchtlingskrise zurechtkommen, ohne Stacheldrahtzäune hochzuziehen, nicht eben ein Weg dieser Hoffnung?
Ist der kleine Tropfen Hilfe, einen Flüchtling zum Arzt zu begleiten, nicht ein nährender Brosamen dieser Hoffnung?
Ist die Stunde, die eine mit der verzweifelten Freundin am Telefon verbringt, ohne dass sich etwas ändert, nicht eine Stunde dieser Hoffnung?

Manchmal denke ich, die schönen Worte und Bilder von der zukünftigen Herrlichkeit verführen auch dazu, diese Spuren der Hoffnung zu übersehen, abzuwerten und sich stattdessen lieber dem Jammer und dem Elend dieser Welt hinzugeben. Als ob die Erlösung erst mit der großen Umwandlung beginne.
Damit aber schieben wir Gott und seine Herrlichkeit ans Ende der Tage, damit trennen wir Himmel und Erde, die Christus für uns miteinander verbunden hat.
"Das Reich Gottes ist mitten unter euch, ja in euch" sagt er.
Klar, dass unsere Sehnsucht mehr will, sich ausstreckt, (griech: den Hals lang macht) dass endlich alles verändert wird, dass alles gut wird.
Die Träume und Worte vom großen Frieden, von einer Welt, in der die Tränen für immer getrocknet werden und Leid und Tod nicht mehr sein werden, sie geben die Richtung an, wohin uns diese Sehnsucht drängt und unser Seufzen sich ausstreckt. In den Bildern der Propheten leuchten sie auf, wenn sie davon träumen, dass Schwerter in Pflugscharen und Spieße in Sicheln umgeschmiedet werden und die Menschen 'fortan nicht mehr lernen werden, Krieg zu führen'. (Micha4,1-4)

> Die Träume und Worte
> vom großen Frieden sind kostbare Bilder,
> sie geben die Richtung an,
> wohin uns diese Sehnsucht drängt
> und unser Seufzen sich ausstreckt.

Doch diese Sehnsucht will sich nicht auf irgendeine zukünftige Erfüllung vertrösten lassen, sie drängt hier und jetzt in diese Welt, sie drängt dazu, in unsern Alltag sichtbar, spürbar zu werden, wohin auch immer sie mich mit meinen Gaben und Möglichkeiten drängt.
Wo immer dieser Seufzer in uns aufsteigt 'ach Gott', da rühren wir auch an diese Hoffnungskraft, da berührt Gott uns mit seinem Seufzen. Da entzündet er zugleich die Hoffnung in uns, die in Christus aufscheint. Daran festzuhalten, unbeirrbar, an dieser Hoffnung, wie Paulus sagt, das ist Glaube, der hofft, auch wo er noch nichts sieht, der die Fülle träumt, wo noch Wüste ist, und der die Spuren dieser Hoffnung und ihr Leuchten schon jetzt sucht und sieht und feiert, wie wir das in jedem Gottesdienst tun.
Und der Seufzer 'ach Gott' mit aller Schwere unseres Lebens wird sich immer wieder wandeln und als Sehnsuchtslied und Danklied zum Himmel aufsteigen 'Gott sei Dank'. Amen.

Du unser Gott,

in unserem Seufzen bist du uns nahe,
in dem, was uns seufzen lässt,
und in der Sehnsucht,
dass nichts so bleiben muss, wie es ist,
dass du selbst die Spuren der Hoffnung legst,
in denen wir gehen können,
voll Zuversicht,
dass deine Liebe siegen
und allen Tod und alles Leid überwinden wird.
Wir bitten dich:
Sei du selbst der Funke in unserem Glauben,
entfache das Feuer der Hoffnung in uns,
der Hoffnung für uns und unsere Welt
durch Jesus Christus.
Amen

Du unser Gott in Jesus Christus,

zu dir hin wenden wir uns
an diesem Karfreitagmorgen,
blicken auf dein Kreuz,
betrachten dein Leiden,
deinen Tod;
lass uns offen sein für dich,
dass wir nicht schon alles wissen,
vielmehr neu entdecken,
begreifen,
dass deine Geschichte unsere Geschichte ist,
dass wir gemeint sind,
in deinem Schmerz - unser Leiden
in deinem Opfer - unsere Unversöhnlichkeit
in deinem Tod - unser Leben.

So lass uns hinschauen,
fragend und offen dafür,
wer du für uns bist,
was du uns schenkst,
mit deinem Tod am Kreuz.
Amen

Das Wesen des Opfers

Hebräer 9, 25-28
Karfreitag

Liebe Gemeinde,

In schweren Stunden haben wir keinen Blick für die schönen Dinge in diesen Tagen, die Blumen, die Farben, den Gesang der Vögel, da können der blaue Himmel und die Frühlingsfröhlichkeit weh tun. Die Eltern in Emden, deren 11jährige Tochter ermordet wurde, die Angehörigen der Terroranschläge in Belgien, in Toulouse, die Menschen, die um einen kostbaren Nächsten trauern, werden sich daran nicht erfreuen können. Und andere mögen uns einfallen, schwere Stunden, die wir selbst erlebt haben, die Angst vor einer Diagnose, das Zerbrechen einer Beziehung, die Ohnmacht angesichts der nicht endenden Gewalt in unserer Welt.

Genau damit aber hat Karfreitag zu tun, mit diesen schweren Stunden. Daran erinnert uns das Kreuz, an dieses Kreuz, eingezeichnet in unser Leben, aufgerichtet in unserer Welt, erinnert uns an die schweren Stunden dort auf dem Hügel von Golgatha, an die schweren Stunden dieses einen, der dort an dem Kreuz stirbt.

> Genau damit hat Karfreitag zu tun,
> mit diesen schweren Stunden.
> Daran erinnert uns das Kreuz, an dieses
> Kreuz, eingezeichnet in unser Leben,
> aufgerichtet in unserer Welt,

Was aber ist das Besondere dieses Kreuzes zwischen all den Kreuzen, das Leiden dieses einen Gekreuzigten zwischen den vielen Leidenden und Gequälten, dass wir uns in dieser Weise an ihn erinnern? Was hat er zu tun mit unseren schweren Stunden? Was ändert sich dadurch für uns, für unsere Welt mit ihren Schrecken?
Man kann sich fragen: Wie würde ich meinen Kindern, einem Freund, einer Freundin erklären, was das Kreuz und dieser Gekreuzigte für mich bedeutet? Was würde mir fehlen, wenn es dieses Kreuz nicht gäbe?
Solche Fragen haben Christen von Anbeginn an beschäftigt und zu immer neuem Nachdenken geführt, diesen Tod zu verstehen, seine Bedeutung in Worte und Bilder zu fassen und verständlich zu machen.

Auch der Schreiber des Hebräerbriefes versucht eine Antwort zu geben. Und er greift dabei auf die Praxis des Opfers in Israel zurück, wenn der Hohepriester im Tempel im Allerheiligsten alljährlich das Opfer bringt. Er schreibt:

24 Christus ist nicht eingegangen in das Heiligtum, das mit Händen gemacht und nur ein Abbild des wahren Heiligtums ist, sondern in den Himmel selbst, um jetzt für uns vor dem Angesicht Gottes zu erscheinen;
25 auch nicht, um sich oftmals zu opfern, wie der Hohepriester alle Jahre mit fremdem Blut in das Heiligtum geht;
26 sonst hätte er oft leiden müssen vom Anfang der Welt an. Nun aber, am Ende der Welt, ist er ein für alle Mal erschienen, durch sein eigenes Opfer die Sünde aufzuheben.
27 Und wie den Menschen bestimmt ist, einmal zu sterben, danach aber das
Gericht: 28 so ist auch Christus einmal geopfert worden, die Sünden vieler
wegzunehmen; (Hebräer 9, 24-28a, Luther 1984)

Das also ist sein Bild – das Opfer.
Nach alttestamentlichem Verständnis geht es darum, dass es für das nicht endende Unrecht, die Sünde, einen Ausgleich braucht, eine Entschädigung, und diese wird symbolisch im Opfer eines Tieres geleistet, der Sündenbock, auf dem alles Unrecht, alle Schuld, d. h. die Sünde abgeladen wird. Die Urgeschichte dazu ist die Opferung Isaaks, in der Gott anstelle des Sohns einen Widder schickt, den Abraham an seiner Stelle opfert.

Nur - es geht ja weiter. Unrecht und Sünde hören nicht auf. Und deshalb ist auch das Opfer wieder und wieder zu vollbringen. Nur so wird das Gleichgewicht des Lebens erhalten. Sind Schuld und Entschädigung, Sünde und Strafe ausgeglichen, ist der Gerechtigkeit Genüge getan. Dieses Bedürfnis ist tief in uns Menschen verwurzelt. Die Vorstellung, dass es angesichts von so viel Unrecht, Gewalt und Tod eines Ausgleichs, einer Sühne bedarf. Nur so - in diesem wiederkehrenden Ritual – wird diese Sühne geleistet, ist Gott dem schuldbeladenen Menschen wieder gut, kommt das Leben wieder ins Gleichgewicht.

Da aber sagt der Prediger und Schreiber dieses Briefes:
In Jesus, in seiner Hingabe, ist dieses Opfer ein für alle Mal dargebracht worden, genauer – und das macht den entscheidenden Unterschied: Nicht er wird dargebracht, nicht er wird von einem Strafe fordernden Gott geopfert, sondern er opfert sich selbst – aus Liebe, in Freiheit. Die Liebe ist es, besser: die Treue zu dieser Liebe und das Vertrauen in Gott, der für ihn die Liebe ist, sie sind es, die ihn so zwischen die Mahlsteine der Gewalt geraten lassen. Seine Botschaft lautet: Gott ist uns gut - ein für alle Mal. Seine Liebe ist größer als alle Schuld, seine Zuwendung zum Leben, zu uns hängt nicht an unserem Gutsein, an unseren Guttaten, nicht an unserem Opfer. Er ist und bleibt uns gut.

Doch wird an diesem Jesus zugleich deutlich und sichtbar:
Leben in Liebe ist nicht möglich ohne Opfer. Freilich neigen wir dazu, Andere zu opfern aus Sorge um das eigene Vorankommen, aus Angst, den Kürzeren zu ziehen. Das Wesen der Liebe aber ist es, dass sie nicht Andere opfert, sondern sich selbst, anders ausgedrückt, dass sie sich selbst begrenzt um eines anderen willen. Genau das ist es, was nur die Liebe vermag.

Das aber ist das Wesen der Liebe, dass sie nicht Andere opfert, sondern sich selbst, anders ausgedrückt, dass sie sich selbst begrenzt um eines anderen willen

Wie anders könnten Kinder groß werden, wenn Eltern nicht Zeit und Geld und Kraft einsetzten, eigene Wünsche da und dort zurück stellten. Wie anders wäre unser Zusammenleben möglich, wenn wir nicht alle Opfer brächten, Verzicht leisteten bis hin in die kleinsten Begegnungen im Alltag. Da sehe ich den Mann vor mir in der S-Bahn, schon älter, der einer schwangeren jungen Frau seinen Platz anbietet und sich selbst mühsam an der Haltestange festhält. Noch einfacher: Wo einer - obwohl im Recht - dem Anderen die Vorfahrt lässt, wo eine an der Kasse im Supermarkt der Mutter mit ihrem nörgelnden Kind den Vortritt lässt.

Freilich, wir wissen auch, wie rasch sich Anderes einmischt, und wie zwiespältig der Satz über die Mutter klingen kann, die sich für die Familie aufgeopfert hat.
Wie viel wird geopfert nicht aus Liebe zum Leben, sondern um etwas zu erreichen, den anderen in Abhängigkeit zu halten, an sich zu binden, manchmal zu erpressen.
Wie leicht gerät diese Haltung zum falschen Opfer, das nicht dem Leben dient, sondern dem Tod. Selbstmordattentäter, die andere mit in den Tod reißen, sind die Pervertierung dieses Opfers aus Liebe. Die Ausbeutung anderer Menschen für unseren Wohlstand ist ein anderes subtileres Beispiel.

Je mehr wir uns einlassen, dieser Spur der falschen Opfer zu folgen, desto mehr enden wir in den schweren Stunden, wo diese Opferkreuze aufgerichtet sind, in denen wir die dunkle Seite unserer Menschengeschichte vor uns sehen. Und wir erkennen, wie bereit wir sind, ja, wie selbstverständlich es zu unserem Alltag gehört, das Opfer Anderer in Kauf zu nehmen. Und doch wissen und ahnen wir, dass die Liebe etwas anderes will, dass sie uns in die Freiheit führen will, uns selbst, unsere Kraft, unsere Zeit, unser Geld in Freiheit zu geben um des Lebens willen, den Verzicht zu leisten um des Anderen willen.

Das ist das, wo der Karfreitag – und ‚kar' ist die Wurzel des Wortes ‚Klage, Jammer', - wo also der 'Jammerfreitag' zu einem ‚Guten Freitag' werden kann, wie Luther ihn nannte, und wie er bis heute im Englischen heißt ‚good friday', wo mitten in den schweren Stunden uns eine Ahnung davon überkommen kann, wie Leben gemeint ist. Eine Ahnung davon, wie diese Liebe sein kann, die nichts will, nur da sein. Mag sein, eine Hand, die mich berührt, und ich spüre die Wärme, ein Wort , das mir zeigt: ‚ich fühle mit dir', ein Besuch, der mich wissen lässt 'ich bin verbunden mit Anderen'. So wie Jesus selbst, der noch am Kreuz Menschen miteinander verbindet: *‚Johannes, deine Mutter, Maria, dein Sohn'*. Und der für diejenigen, die ihn opfern, bittet: ‚Vater vergib ihnen, den sie wissen nicht, was sie tun'.

So sind wir in diese schweren Stunden hinein verwoben einerseits als Täter, die immer auch andere opfern, und die andererseits selbst zu Opfern gemacht werden. Und uns wird von diesem Kreuz her zugesagt: Gott ist dir gut - ein für alle Mal. Es braucht keine Opfer und - es soll auch keine Opfer mehr geben.

So sind wir in diese schweren Stunden
hinein verwoben einerseits als Täter,
die immer auch andere opfern,
und die andererseits selbst
zu Opfern gemacht werden.

Wir haben die Freiheit, auszusteigen aus diesem Teufelskreis, jeder und jede für sich und jeden Tag neu, aufzuhören Andere zu opfern und neu anzufangen, aus der Liebe heraus zu leben.
Wir werden nicht behaftet auf dem, was misslungen ist. Wir brauchen keine Sündenböcke für unsere Fehler, es gibt den Neuanfang am Kreuz *'heute noch wirst du mit mir im Paradiese sein'*. Es bedarf keiner besonderen Entschädigungen oder Strafen. Aus der Liebe wächst die Kraft, die schweren Stunden zu bestehen, die Folgen unseres Tuns zu tragen, und auch denen zu vergeben, die uns zu Opfern gemacht haben oder als deren Opfer wir uns fühlen. Aus der Liebe wächst die Kraft, auch unter Tränen je und je den Neuanfang zu wagen, uns mit unserem Leben in die Liebe Gottes zu retten, die in Jesus Christus ist – ein für alle Mal.
Gott schenke uns, dass der Karfreitag so für uns zu einem ‚Guten Freitag' werde. Amen

Du Gott Jesus Christus,

du bist den Weg des Kreuzes gegangen bist,
hast dich zum Opfer gebracht
in der Treue deiner Liebe,
damit ein Ende sei mit allen falschen Opfern,
und wir das Leben lernen an Dir,
und die Liebe, die uns in die Freiheit führt,
für dieses Leben einzustehen
auch mit unserem Opfer.
Wir bitten dich:
Öffne unser Herz und unseren Verstand
das wir begreifen, wer du für uns bist.
Wir rufen zu dir: Herr erbarme dich

Unter deinem Kreuz bitten wir heute
für die unschuldig Leidenden in allen Völkern,
die zu Opfern gemacht werden aus Habgier und Machtgier
dass ein Ende sei mit dem Morden und Töten
und dein Friede sich ausbreite unter uns.
Wir rufen zu dir: Herr erbarme dich.

Wir bitten für alle,
die einen teuren Menschen verloren haben,
für die Einsamen und Verzweifelten,
für die Kranken und Sterbenden unter uns,
dass ihnen Menschen begegnen,
die aus der Kraft der Versöhnung selbst trösten können.
Wir rufen zu dir: Herr erbarme dich

Jesus Christus
für uns hast du gelebt
für uns hast du gelitten
für uns bist du gestorben
für uns bist du auferstanden.
So sind wir dein im Leben und im Sterben.
Amen

3. Brot auf unseren Wegen

Du unser Gott, Jesus Christus,

zu dir kommen wir
aus den Tagen dieser Woche
mit all dem, was mit uns geht,
um Atem zu holen
und Kraft zu schöpfen
für die vielerlei Alltagssorgen,
um Frieden zu finden
in deiner Gegenwart.

Wir bitten dich,
öffne unser Herz für dich,
schärfe unsere Ohren
für dein Wort,
dass es zum Brot wird,
das unsere Seele stärkt.
Amen

Brot auf unseren Wegen

2. Mose 16
Schriftlesung: Johannes 6, 30-35

Liebe Gemeinde,

Das heutige Predigtwort erzählt von einer wunderbaren und wundersamen Begebenheit aus der Zeit der Wüstenwanderung des Volkes Israel. Sie kennen den Hintergrund – die Befreiung des Volkes aus der Knechschaft in Ägypten, der Weg in die Freiheit mit dem Hoffnungsbild des gelobten Landes vor Augen und dann der lange Weg durch die Wüste.

Schon bald, so erzählt die Predigtgeschichte, am fünfzehnten Tage des zweiten Monats, nachdem sie von Ägypten ausgezogen waren, kam die ganze Gemeinde der Israeliten in die Wüste Sin, die zwischen Elim und Sinai liegt.

2 Und es murrte die ganze Gemeinde der Israeliten wider Mose und Aaron in der Wüste.
3 Und die Israeliten sprachen: Wollte Gott, wir wären in Ägypten gestorben durch des HERRN Hand, als wir bei den Fleischtöpfen saßen und hatten Brot die Fülle zu essen. Denn ihr habt uns dazu herausgeführt in diese Wüste, dass ihr diese ganze Gemeinde an Hunger sterben lasst.
11 Und der HERR sprach zu Mose:

12 Ich habe das Murren der Israeliten gehört. Sage ihnen: Gegen Abend sollt
ihr Fleisch zu essen haben und am Morgen von Brot satt werden und sollt in-
newerden, dass ich, der HERR, euer Gott bin.
13 Und am Abend kamen Wachteln herauf und bedeckten das Lager. Und
am Morgen lag Tau rings um das Lager.
14 Und als der Tau weg war, siehe, da lag's in der Wüste rund und klein wie
Reif auf der Erde.
15 Und als es die Israeliten sahen, sprachen sie untereinander: Man hu?
Denn sie wussten nicht, was es war. Mose aber sprach zu ihnen: Es ist das
Brot, das euch der HERR zu essen gegeben hat.
16 Das ist's aber, was der HERR geboten hat: Ein jeder sammle, soviel er
zum Essen braucht, einen Krug voll für jeden nach der Zahl der Leute in sei-
nem Zelte.
17 Und die Israeliten taten's und sammelten, einer viel, der andere wenig.
18 Aber als man's nachmaß, hatte der nicht darüber, der viel gesammelt hat-
te, und der nicht darunter, der wenig gesammelt hatte. Jeder hatte gesam-
melt, soviel er zum Essen brauchte.
soviel er zum Essen brauchte. (2. Mose 16, 2.3.11-18, Luther 2017)

Eine fast märchenhaft anmutende und doch auch leicht verständliche Geschichte – das Mannawunder in der Wüste. Nach der ersten Euphorie der mit Gottes Wunderhilfe gewonnenen Freiheit warten die Strapazen, die Mühen des Weges auf das Volk. Es hungert und jammert. Und wieder greift Gott ein mit einem Wunder, wie immer dieses plötzlich vom Himmel fallende süße Brot und die Wachteln zu erklären sind.

Aber nicht darum geht es, wie das nun wirklich passiert ist, wie das funktioniert hat, sondern wie diese Geschichte transparent wird und Erfahrungen berührt, die auch wir kennen. Auch wenn wir nicht gerade in der Wüste sitzen - dazu geht es uns zu gut -, aber mitten in unserem eher abgesicherten Leben, unserem irgendwie geordneten Alltag, gibt es dann doch die Wüstenerfahrungen. Die Erfahrung, dass es nicht mehr rund läuft, Probleme in unser Leben gespült werden, sich plötzlich auftürmen, und wir nicht mehr so recht wissen, wie alles gehen soll.

aber mitten in unserem
eher abgesicherten Leben,
unserem irgendwie geordneten Alltag,
gibt es dann doch
die Wüstenerfahrungen

Wenn schon der Tag beginnt mit dem Seufzer: Wie soll ich das alles heute schaffen, oder: wie soll das weitergehen mit der Tochter, die plötzlich krank geworden ist, 3 Kinder zuhause.

Und auch der Seufzer beim Blick in die Zeitung gehört dazu: Wie soll das weitergehen mit dieser Welt, die an so vielen Stellen brennt, in der Menschen an Hunger sterben, und kein Manna fällt vom Himmel

Jeder und Jede von uns hat da seine eigenen Wüstenbilder und ganz persönlichen Wüstenerfahrungen.

Die Seufzer und das Murren, die da aufsteigen, können sehr unterschiedlich sein – das kann die Klage sein ‚warum gerade ich', und es kann der mürrische Vorwurf sein, was andere mir zumuten oder ange*tan haben. „Ihr, Mose und* Araon, seid schuld, ihr habt uns in diese Situation gebracht".

Und es kann sein, dass der Seufzer bei uns Älteren auch einmal aus dem verklärten Blick in die Vergangenheit entsteht: Früher war alles besser. Obwohl wir wissen, dass das so nicht stimmt. Es gab auch in Ägypten keine Fleischtöpfe.

Und es kann sein,
dass der Seufzer bei uns Älteren
auch einmal aus dem verklärten Blick
in die Vergangenheit entsteht:
Früher war alles besser

Es ist diese untergründige, manchmal auch gar nicht so recht fassbare Sorgenunruhe, die Sorgenangst, die sich zu Zeiten einstellen kann, ein innerer Jammer oder auch Groll – meine Frau sagt dann ‚du bist so angespannt'.

Wir mögen das nicht, an uns selbst nicht, und schon gar nicht, wenn andere murren und jammern. Es ist schwer auszuhalten, weil man die Unzufriedenheit spürt, die einen anspringt, einen mit hineinzieht. Murren und Jammern ist hoch ansteckend. Und man möchte reagieren: jetzt hör' auf zu jammern, entweder als Selbstermahnung oder zur Abwehr des fremden Jammers.

Ganz anders die Reaktion Gottes in unserer Geschichte. *„Ich habe das Murren der Israeliten gehört"* sagt er zu Mose. Und darin spiegelt sich diese besondere Glaubenserfahrung Israels, dass sein Gott hört, dass er – wie es im Psalm 121 heißt *‚nicht schläft noch schlummert'*, sondern aufmerksam zuhört. Er tadelt nicht, wendet sich nicht ab, sondern hört zu.

„Ich habe das Murren der Israeliten gehört."

Es gibt einen Ort, wo unser Murren, unser Jammer, unsere Seufzer gehört werden, mögen sie noch so unangemessen sein. Da in meinem Innersten, da

Es gibt einen Ort,
wo unser Murren, unser Jammer,
unsere Seufzer gehört werden,

hat all das Raum, murren, jammern, seufzen – das gehört zu dem, was Luther ‚das Reden des Herzens mit Gott' nannte.
Schon das sind eine erste Lektion dieser Geschichte und ein kostbarer und wesentlicher Teil unseres Glaubens: Wir haben einen Ort, ein Ohr, in das wir flüstern schreien und reden können. ER hört uns. ER hält mich aus. Und nichts, das hier nicht gesagt, geklagt, gemurrt werden darf.

Erst jetzt kommt das Wunder, die Antwort: Manna und Wachteln. Die knurrenden und murrenden Mägen werden satt.
Gott antwortet.
Aber wie die Israeliten in der Geschichte, verstehen wir die Antworten oft nicht sofort. Als da am Morgen unter dem Tau diese süßen Körner zum Vorschein kommen, da stehen sie davor ‚man hu' ‚was ist denn das?' Manche mögen sagen: ‚dieses klebrige Zeug, igitt'. Es sind die tropfenförmigen Absonderungen an der Tamariske, wie wir sie auch an Pflanzen bei uns kennen. Und sie schmecken süß. Vielleicht war es einfacher mit den Wachteln, die als Zugvögel über die Wüste ziehen und manchmal vor Erschöpfung vom Himmel fallen und leichte Beute sind.
Das war die Antwort.

Aber nicht die Erklärung ist wichtig, sondern dieser Hinweis in der Geschichte, dass wir die Antwort auf unser Murren und Rufen oft nicht erkennen. Und die Frage an uns heute vielmehr die ist: Rechnen wir damit, dass er antwortet, dass er mich über all das hinaus, was ich sehe und zu wissen meine, mit einem Wunder überrascht, Brot vom Himmel fallen lassen kann? Und dabei seine Antwort versteckt in einfachen und erklärbaren Dingen wie der Saft der Tamariske.
Vielleicht so:
Ich sehe mich die Zeitung lesen mit den Schreckensbildern von den Kriegsschauplätzen und Hungerzahlen, und ich schaue auf, und mein Enkel steht da und schaut mich an, und plötzlich weiß ich: Das ist meine Aufgabe heute, nicht die Hungernden in Afrika, sondern der kleine Kerl, ihn zu stärken für sein Leben. Und die Hungernden lege ich für heute in die Hände Gottes.
Oder noch einmal die Zeitung – da fällt der Blick auf den Spruch über einer Todesanzeige, eine Zeile aus einem Lied 'in Gottes guten Händen liegt Zeit und Ewigkeit 'und sie wird zu meinem Spruch für den Tag, das jetzt notwendige Stück Brot für meine Seele. Die Antwort auf meinen Seufzer an diesem Morgen.

Das Besondere ist, je mehr ich meinen Blick übe, nach den Antworten Gottes Ausschau zu halten, desto mehr entdecke ich, wie die ganze Welt voll ist mit Antworten, voll Gottesbrot, voll seiner Nähe.
Nicht dass alles gut ist, kein Patentrezept, sondern die leise unmerkliche Veränderung in meiner Aufmerksamkeit - Achtsamkeit sagen manche heute dazu - auf diese Antworten Gottes. Die Sorgen sind nicht einfach weg, aber das Vertrauen in Gottes Antworten wächst, in das Manna, in das Gottesbrot an jedem Tag.

Und damit wächst auch die Erkenntnis und die Erfahrung, die die Israeliten erst lernen mussten, dass man solche Erfahrungen nicht horten kann, sozusagen auf Vorrat für mögliche schlechte Zeiten – sie zerrinnen. Man kann sie erinnern, ja, und die Erinnerung kann eine große Hilfe sein, wenn es gerade sehr 'Wüste' ist in mir. Und auch unsere Predigtgeschichte heute will uns erinnern an das Gottesbrot auf unserem Weg, das jeden Morgen neu für uns bereit liegt, verborgen oft, versteckt in den kleinen Geschenken des Tages, zur Hand in seinem Wort, mit dem ich den Tag beginne.

die Erinnerung
kann eine große Hilfe sein,
wenn es gerade
sehr 'Wüste' ist in mir

Und unverbrüchlich, verlässlich, geheimnisvoll und doch konkret ist das zu fühlen und zu schmecken in Brot und Wein, an seinem Tisch. Da wird diese Geschichte aus dem Alten Testament für uns noch einmal durchsichtig, transparent auf den hin, der für uns zum Brot des Lebens geworden ist, auf Christus.
Schon früh haben die Christen diese Geschichte vom Brot in der Wüste mit Christus und dem Abendmahl in Verbindung gebracht. Auf alten Fresken fallen Oblaten, das Abendmahlsbrot vom Himmel.
'Er ist das Brot' – was immer wir mit diesem geheimnisvollen Satz anfangen können, wie wir ihn so ganz für uns verstehen – mit ihm haben wir alles, was unsere Seele, was wir zum Leben brauchen, zu wissen, zu glauben: Gott für mich. Es gilt, wenn wir nachher Brot und Wein teilen:
Brot des Lebens – für dich. Kelch des Friedens – für dich. 'Nichts' – sagt Paulus, 'aber auch gar nichts, keine Wüste und keine Verzweiflung, keine Schicksalsschlag und kein Tod können mich trennen von der Liebe Gottes, die in Christus Jesus ist' (Römer 8, 31). Das Brot, das wir essen, der Kelch von dem wir trinken, die sind Zeichen dieser unverbrüchlichen Liebe und zu-

gleich der Vorgeschmack auf all das Gottesbrot und den Friedenswein, die uns auf den Wegen in diese Woche erwarten.
So schließe ich mit der Bitte:
Gott öffne unsere Augen für seine Gegenwart und segne das Brot auf unseren Wegen. Amen

Du Gott, Jesus Christus,

vor dir denken wir und bitten dich heute
für die vielen Menschen,
die von Hungersnot und Hungertod bedroht sind,
dass wir wach werden und teilen lernen,
dass die Wohlhabenden nicht mehr sammeln, als sie brauchen,
und die Hungernden so viel bekommen,
wie sie zum Leben brauchen.

Vor dir denken wir und bitten dich für die vielen Menschen
in den Krisengebieten dieser Welt,
die von Waffen und Gewalt bedroht werden,
deren Heimat zerstört ist,
die auf der Flucht sind.
Sende deine heiligen Engel zu ihnen,
dass sie Mut fassen gegen alle Widerstände,
und dass sie die Hilfe finden, die sie brauchen.

Vor dir denken wir und bitten dich
für unsere christlichen Geschwister
die Opfer von Terror und Hass werden,
verfolgt, weil sie wie wir auf dich hoffen.
Bewahre sie in ihrem Glauben,
in der starken Gewissheit,
dass du an ihrer Seite bist
und dass wir an sie denken
verbunden im Glauben und im Gebet.
Amen

Du unser Gott Jesus Christus,

in deinem Licht
richten wir uns auf,
heben den Kopf,
schöpfen Atem
zwischen all dem,
was uns bedrängt,
was uns in Unruhe stürzt
in diesen Adventswochen.

Nahe bist uns
in deinem Wort,
das uns Orientierung gibt,
in der Gemeinschaft,
in der du uns
miteinander verbindest,
in der Sprache des Herzens,
in der du uns anrührst.

Lass uns dich hören
und empfangen
mit allen Sinnen,
so wie jede und jeder es braucht.
Amen

Hoffnung inmitten der Verzweiflung

Jesaja 63, 15-64,1a
2. Advent

Liebe Gemeinde,

'Die Hoffnung stirbt zuletzt', sagen wir, zumeist in Situationen, wo alle Möglichkeiten ausgereizt sind, man keine Chance mehr sieht, dass die Dinge sich verändern, dass wir etwas bewirken können, und andererseits doch noch irgendwie ein Fünkchen Hoffnung glimmt.

Dabei kann uns vieles einfallen, von einer Krebserkrankung, bei der der Arzt nicht viel Chancen einräumt, dass die Chemo vielleicht doch anschlägt, bis hin zu der Zukunft unserer Erde unter dem Damoklesschwert des Klimawandels, dass es vielleicht doch gelingt, die Klimaerwärmung zu verlangsamen, dass es vielleicht doch gelingt den Flüchtlingsstrom einzudämmen, dass der Konflikt zwischen Palästina und Israel nicht neu eskaliert und zum Krieg wird.

diese Hoffnung,
dass Gott in alledem mit regiert
- aber was wenn nicht?

Für uns, die wir hier im Gottesdienst zusammen sind, verbindet sich diese Hoffnung gerade jetzt im Advent mit der starken Erwartung, dass da noch ein Anderer mitspielt, dass Gott in alledem mit regiert, dass da einer ist, der uns nicht allein lässt, eine Kraft, die irgendwie die Dinge zum Guten wenden kann.
– aber was, wenn nicht?

Wenn wir doch mit unserem ganzen Schlamassel alleingelassen sind, wenn sich dieser Gott verbirgt? Wenn unser ganzer Lichterglanz, unsere innig gesungenen Adventslieder nur ein paar frommen Restgefühlen dienen, und die Welt ohne Gott auskommen muss? Wenn der sich verabschiedet hat?!

Ich weiß nicht, ob wir uns an diesem Adventsonntag an solche Gedanken heranwagen wollen. 'Von 'Gottesfinsternis', spricht da der jüdische Theologe Martin Buber, den deus absconditus, den 'abgründigen Gott' nannte ihn Martin Luther. Das passt nicht so recht in die Adventszeit, sich darüber Gedanken zu machen, unser Glauben und Hoffen, das, woraus wir leben, was wir Euch, den Konfirmanden, gerne als kostbar und wichtig weitergeben wollen – all das so in Frage zu stellen.

In der Geschichte Israels gab es eine Zeit, in der solche Gedanken laut gedacht wurden. Es war die Zeit (etwa um 500 v. Chr.), als die Menschen nach der Rückkehr aus dem Exil vor den Trümmern ihrer Heimat standen, und sich eine Erschöpfung, eine Kraftlosigkeit ausbreitete, die allen Mut und alle Hoffnung in sich aufzusaugen drohte, 'wie sollen wir hier leben, wie sollen wir das schaffen?'.

In dieser Zeit steigt ein Klagelied auf, aus der Tiefe dieser Verzweiflung und Mutlosigkeit, und wird zu einem Schrei, in dem sich die ganze Not, aber auch die verzweifelte Wut und Hoffnung Bahn bricht:

, 15 Herr, sieh herab von deinem Himmel, wo du in Heiligkeit und Hoheit
thronst! Wo ist deine brennende Liebe zu uns? Wo ist deine unvergleichliche
Macht? Hast du kein Erbarmen mehr mit uns? Wir spüren nichts davon, dass
du uns liebst!
16 Herr, du bist doch unser Vater! Abraham weiß nichts von uns, auch Ja-
kob6 kennt uns nicht; unsere Stammväter können uns nicht helfen. Aber du,
Herr, bist unser wahrer Vater! »Unser Befreier seit Urzeiten« – das ist dein
Name.
17 Warum hast du zugelassen, dass wir von deinem Weg abwichen? Warum
hast du uns so starrsinnig gemacht, dass wir dir nicht mehr gehorchten?
Wende dich uns wieder zu! Wir sind doch deine Diener, wir sind doch das
Volk, das dir gehört!
18 Es war nur für eine kurze Zeit, dass wir das Land besitzen durften; nun ist
dein Heiligtum von den Feinden entweiht.
19 Es ist, als wärst du nie unser Herrscher gewesen und als wären wir nicht
das Volk, das du zu deinem Eigentum erklärt hast. Ach dass du den Himmel
zerrissest und führest herab, dass die Berge vor dir zerflössen.
64,1 Komm plötzlich, komm mit großer Macht, wie die Flammen trockenes
Reisig ergreifen und das Wasser im Kessel zum Sieden bringen! Deine Fein-
de sollen erfahren, wer du bist.
(Jesaja 63, 15-19, 64, 1a Gute Nachricht)

Das ist kein klägliches Klagen, kein Jammem, sondern ein Aufschrei gegen alle Resignation und Hoffnungslosigkeit 'Warum lässt du uns im Stich? Schau herab von deinem Himmel, von deiner schönen herrlichen Wohnung – wie Spott klingt das wütend - 'was ist nun mit deiner so hoch gepriesenen herzlichen Barmherzigkeit? Warum sollen wir auch noch selbst daran schuld sein, wenn du unser Herz verstockt hast. Zeig jetzt deine Macht, '*Ach dass du den Himmel zerrissest und führest herab, dass die Berge vor dir zerflössen. Komm plötzlich, komm mit großer Macht. Deine Feinde sollen erfahren, wer du bist*'.

Man muss diese Worte selbst laut lesen und nachsprechen, um die Not, die Wut und die Verzweiflung darin zu spüren.

Wenn man es tut, sich in die Worte hineinliest, dann wird rasch deutlich: Man muss dazu die Lungen füllen und mit ganzer Kraft, zu der man fähig ist, die Stimme erheben. So wie Menschen aufschreien, wenn ein Schicksalsschlag in ihr Leben einbricht, wie wir das vielleicht auch kennen, selbst erlebt haben angesichts einer lebensbedrohlichen Diagnose oder am Bett eines schwer kranken Nächsten "Warum!?".

Ein Freund, der zwei erwachsene Kinder im Abstand von wenigen Jahren verloren hat, erzählt, wie er in einem Urlaub am Meer gegen das Brüllen der Wellen anzuschreien versuchte und seinen ganzen Schmerz ihnen entgegen schrie, und, obwohl die Wellen siegten, sein Schrei - so sagte er – 'neue Lebenskräfte in ihm freisetzte'.

Es ist dieses Rufen, dieser Schrei, in dem ich als Mensch in meiner Menschennot ein Gegenüber suche, das mich hört, das mich nicht allein lässt, das mir hilft, mit dem ich den Gott, dem ich doch vertraut habe, herbeirufen, wachrufen möchte.
Das muss nicht notwendig nach außen laut zu gehen – obwohl Schreien auch gut tun kann. Manchmal muss man auch laut und öffentlich anschreien gegen die Not, gegen das Unrecht.
Näher mag uns das nächtliche Ringen sein mit den unausgesprochenen Seufzern des Herzens, wo ich mich so ganz in diese Hoffnung werfe, ohne zu wissen, ob sie mich auffängt.

Ob laut oder eher leise, es ist dieses Rufen, dieses Seufzen und Ringen, bei dem es wie unerwartet geschehen kann, dass ich eine Kraft spüre, die von tief her aufsteigt, mich füllt. Oft ist es dieses Aufbegehren, die Wut, die wir zu unterdrücken gelernt haben, in der zugleich eine Kraft wartet, ja mehr noch eine Würde, die mich als Menschen ausmacht. Eine Würde, in der ich mich aufrichte und mich der Not und dem Elend entgegen stelle, und gerade darin die tiefste Lebenskraft berühre, Gott, der das Leben will und nicht den Tod, der sich von uns anschreien und wecken lässt, und der seine Antwort in unser Herz schreibt und mit neuem Mut und neuer Hoffnung füllt.

Es ist dieses laute Rufen, laut oder leise,
mit dem ich
die tiefste Lebenskraft berühre,
Gott, der das Leben will
und nicht den Tod

Ich sehe einen anderen Freund vor mir, der in solchem Ringen und Rufen angesichts einer Krankheit, die nach und nach seine Kräfte lähmte, mehr trotzig als laut sagen konnte: 'Aber mein Herz kann er nicht lähmen, das ist schon bei ihm, soll er sich darum kümmern! Und ich weiß er tut's.'
Ich lese von Menschen in Kenia, die besonders von der Dürre heimgesucht sind, und die angesichts der drohenden Hungerkatastrophe nicht jammern, sondern - so schreibt ein Mitarbeiter des Missionswerkes - auf die Felder ge-

hen und niederknien und im gemeinsamen stürmischen Gebet um Gottes Beistand bitten.

In dieser Tiefe und Not des Rufens, da geht es nicht mehr darum, wer ist schuld, ob einer selbst zu der Erkrankung beigetragen haben mag, ob wir mit Schuld sind an den Folgen des Klimawandels, ob wir beteiligt sind an der Ausbeutung der Länder in Afrika und anderswo...
Der Schrei der Hoffnung steigt über diesen Katastrophen auf und trägt in sich die Verheißung, dass Gott in unserem Schrei, in unserer mit ganzem Herzen aufbrechenden Hoffnung selbst gegenwärtig ist. Wie er im Schrei Jesu gegenwärtig war 'Mein Gott, warum hast du mich verlassen'.

Der Schrei der Hoffnung steigt über diesen Katastrophen auf und trägt in sich diese Verheißung, dass Gott in unserem Schrei selbst gegenwärtig ist

Da wartet nicht sofort die Auferstehung, keine Spontanheilung, kein "alles wird gut", wohl aber ein "Gott steh uns bei" wie man früher sagte. 'Du bist doch unser Vater, Urkraft des Lebens, unser 'Erlöser' ist dein Name von alters her'.

Das ist der andere Advent, der in uns aufbrechen will, die leidenschaftliche Hoffnung, die von diesem Gott alles erwartet, auch angesichts einer Welt, in der Menschen die Macht in Händen halten, die mit ihrem kurzsichtigen Egoismus und ihren Machtspielen unsere Welt in immer neue Krisen stürzen. Eine Hoffnung, die alles erwartet von dem Gott, der uns Jahr um Jahr in diesen Adventtagen durch allen Glitzer hindurch mit seinen Verheißungen begegnet, eine Hoffnung, die nicht nur als Fünkchen glimmt, sondern als Feuer in uns brennt, als Leidenschaft für das Leben, die in solchem Beten und Rufen ihren Ausdruck sucht.

Das mag sehr unterschiedlich sein, wo und wann solche Rufe in uns aufsteigen
- die Sorge um einen Nächsten,
- der Blick auf unser Land in diesen politisch unsicheren Zeiten,
- die Not der Menschen in anderen Ländern, die uns auf dem Herzen brennt.

In unserem mitfühlenden, bittenden An-sie-denken beginnt solches Rufen. In diesem 'ach dass du den Himmel zerrissest, Gott,' wartet, leuchtet diese

Hoffnung auf, die auf den größeren Horizont Gottes schaut, die von ihm mehr erwartet, als wir im Augenblick erkennen können, die in diesem Rufen Gott selbst herbeiruft, ja **in uns** wachruft: Du bist doch unser Vater in Ewigkeit. Deshalb: *Seht auf und erhebt eure Häupter, denn eure Erlösung naht* (Lukas 21,28).

Im 30jährigen Krieg, einer Zeit voller Krieg und Zerstörung, da schrieb der katholische Seelsorger und Prediger Friedrich Spee ein Lied, das alles zusammenfasst, was ich zu sagen versuchte. Und ich lade Sie ein, Ihr eigenes Rufen und Hoffen in die Worte dieses Liedes mit hinein zu singen. Und damit wir nachvollziehen können, wie es ist, den Kopf zu heben und unseren Atem zu spüren, bitte ich Sie, dazu aufzustehen. Amen

O Heiland, reiß die Himmel auf,
herab, herab vom Himmel lauf;
reiß ab vom Himmel Tor und Tür,
reiß ab, wo Schloss und Riegel für.

O Erd, schlag aus, schlag aus,
o Erd, daß Berg und Tal grün alles werd.
O Erd, herfür dies Blümlein bring,
o Heiland, aus der Erden spring.

O klare Sonn, du schöner Stern,
dich wollten wir anschauen gern;
o Sonn, geh auf, ohn deinen Schein
in Finsternis wir alle sein.

Friedrich Spee 1622
Evangelisches Gesangbuch Nr. 7, 1.3.5

Du unser Gott, Jesus Christus,

du erfreust uns
mit deiner Hilfe
mit deinem Licht,
das durch diese Tage strahlt
und einen Schein
der Hoffnung wirft
in die dunklen Schatten,
die uns bedrängen,
ganz persönlich
in unserem Leben,
oder auch im Blick
auf unsere Welt
mit all den Bildern der Not.

Wir bitten dich,
öffne, weite unseren Blick
für dich,
für dein Licht,
mitten unter uns.
Amen

Das Heil geschieht jetzt

Lukas 3, 7-14
3. Advent

Liebe Gemeinde,

Vielleicht kennen Sie das auch, dass Sie durch ein Ereignis oder die Worte von jemand so berührt, ja getroffen werden, wir sagen manchmal 'kalt erwischt', dass Sie überlegen oder auch beschließen, dass sich etwas ändern muss? Z. B. wenn der Arzt eine bedrohliche Diagnose eröffnet und eine Erkrankung zur Änderung der Lebensgewohnheiten, des Essverhaltens zwingt. Oder auch eine Auseinandersetzung, ein heftiger Vorwurf des Ehepartners oder der Kinder oder eines Freundes können so treffen, dass es bis in den Bauch spürbar wird und die Frage aufbricht, was ist los, was läuft falsch, was muss ich ändern?

Manchmal braucht es einen Hammer, damit wir in unseren Gewohnheiten, unserem Trott aufgeschreckt werden. Angenehm ist das nicht, aber heilsam, um neu zu prüfen, was wichtig ist, was zählt, wie wir leben wollen.

Mitten in dieser Adventszeit, wo uns weniger solche Gedanken kommen, wo wir eher auf besinnliche Harmonie bedacht sind, oder vielleicht auch gerade nicht so recht zur Besinnung kommen, weil noch so viel zu tun ist, da steht einer mit der Axt in der Hand und ruft in die Menge:

»Ihr Schlangenbrut! Wer hat euch auf den Gedanken gebracht, ihr könntet dem kommenden Gericht entgehen?
8 Bringt Früchte, die zeigen, dass es euch mit der Umkehr ernst ist, und denkt nicht im Stillen: ›Wir haben ja Abraham zum Vater!‹ Ich sage euch: Gott kann Abraham aus diesen Steinen hier Kinder erwecken.
9 Die Axt ist schon an die Wurzel der Bäume gelegt, und jeder Baum, der keine guten Früchte bringt, wird umgehauen und ins Feuer geworfen.«
(Lukas 3, 7b-9, NGÜ)

Ihr Schlangenbrut! Starke Worte. Wenn wir diese Rede des Johannes, - und sicher haben Sie ihn in diesen Worten erkannt, den Prediger am Jordan, den Prediger in der Wüste, haben vielleicht das Bild vor Augen, wie es oft gemalt wurde, wie er da steht, wild mit seinem härenen Gewand – wenn wir also diese Worte auch über den Abstand der Zeit an uns gerichtet hören, dann mag uns schon unbehaglich werden.
Unbarmherzig konfrontiert er seine Hörer, spricht sie auf die Früchte ihres Glaubens, woran man denn merke, dass sie es ernst meinen. Es hilft nichts, sich auf die Zugehörigkeit zu der Gruppe der Gläubigen zu berufen, damals zum Volk Israel, das sich auf den Glaubensvater Abraham beruft, heute vielleicht, dass wir in unserer zunehmend säkularen Welt den christlichen Glauben wirklich hochhalten und die Geschichte unseres Glaubens in die Öffentlichkeit bringen - von Abraham bis Luther, jetzt im Jubiläumsjahr der Reformation.

Ihr Schlangenbrut! Wer hat euch auf den Gedanken gebracht, ihr könntet dem künftigen Zorn entgehen?
Mag sein, wir wehren uns gegen diese aggressiven Töne, ahnen oder kennen vielleicht auch die Stelle, wo er uns treffen kann, wo wir die Axt spüren.

Vielleicht aber spüren wir auch nur so etwas wie Verwirrung mit genau der Frage, die die Leute damals stellten: was sollen wir denn tun?

10 Und die Menge fragte ihn und sprach: Was sollen wir nun tun?
11 Er antwortete aber und sprach zu ihnen: Wer zwei Hemden hat, der gebe dem, der keines hat; und wer Speise hat, tue ebenso.
12 Es kamen aber auch Zöllner und sprachen zu ihm: Meister, was sollen denn wir tun?
13 Er sprach zu ihnen: Fordert nicht mehr, als euch vorgeschrieben ist!
14 Da fragten ihn auch Soldaten und sprachen: Was sollen denn wir tun? Und er sprach zu ihnen: Tut niemandem Gewalt noch Unrecht und lasst euch genügen an eurem Sold! (Lukas 3,10-14, NGÜ)

Eigentlich ist es ganz einfach und klar, und auch nicht neu, was Johannes fordert. Schließlich hören wir diese Forderungen auch nicht zum ersten Mal, sie sind längst in unser christliches Gedankengut und unseren Verhaltenscodex eingegangen, ja sie gehören geradezu zum Wesensmerkmal unseres Glaubens:

Eigentlich ist es ganz einfach, auch nicht neu, was Johannes fordert. Sie sind längst in unser christliches Gedankengut eingegangen

Zu teilen mit anderen, sich korrekt zu verhalten, jeder und jede an seinem und ihrem Platz in dieser Welt; als Mitmensch und Bürger auch die im Blick zu haben, denen es nicht so gut geht wie uns, hier bei uns und weltweit; niemand zu übervorteilen im täglichen Umgang und sei es die Kassiererin im Supermarkt, die sich beim Geld verzählt; die Ordnungen des Gemeinwesens zu respektieren und sei es schlicht das Tempolimit an einem Kindergarten, 30er Zone - tut das Rechte!

Aber ist das alles? Dass wir uns wieder einmal etwas mehr anstrengen, das Rechte zu tun?

Ja und nein. Ja, denn das ist genau der Ort, wo wir etwas tun können. Wo uns angesichts der globalen Entwicklungen die pure Ohnmacht lähmt, da können wir in unserem Umfeld etwas tun. – Teilen mit Anderen, da ist immer Luft nach oben, nicht nur Materielles, das Hemd, Brot und Geld, auch Zeit und Kraft kann man teilen. Und die Regeln im Zusammenleben, der Umgang miteinander, da gibt es immer auch die Beziehungen, wo es noch freundlicher, liebevoller oder auch schlicht respektvoller werden kann. Sich einmischen, wo platte Vorurteile über Flüchtlinge und andere Menschen verbreitet werden, das Gespräch mit dem Nachbarn wagen, wo so lange Funkstille herrschte. Das sind die Orte wo wir etwas tun, etwas ändern können. Und es

wäre schon viel gewonnen, wenn sich da an der einen oder anderen Stelle etwas ändern würde.
Und nein, das ist nicht alles, es ist mehr, viel mehr.

Diese scheinbar kleinen Korrekturen
sind eingebettet
in die große Vision
von Gottes Kommen in diese Welt

Lukas, der uns diese Geschichte von Johannes erzählt, sieht darin den Anfang der Erfüllung der alten Verheißung wie sie schon Jesaja verkündet hat. Diese scheinbar kleinen Korrekturen sind eingebettet in die große Vision von Gottes Kommen in diese Welt, von Gottes Reich, wie es Jesus dann - nach Johannes - verkünden wird.
Und Lukas sieht in Johannes diese Verheißung erfüllt, die Verheißung des Propheten Jesaja (40, 3-5):
4 »Es ist eine Stimme eines Predigers in der Wüste: Bereitet den Weg des Herrn, macht seine Steige eben!
5 Alle Täler sollen erhöht werden, und alle Berge und Hügel sollen erniedrigt werden; und was krumm ist, soll gerade werden, und was uneben ist, soll ebener Weg werden,
6 und alles Fleisch wird das Heil Gottes sehen.« (Lukas 3, 4b-6, NGÜ)

Jetzt geschieht es, damals und bis heute, wo Menschen begreifen dass sie mit ihrem Tun Teil dieser großen Verheißung sind, wo wir, wo ich begreife, mit meinem Teilen, mit meiner Hilfe für die Hilfebedürftigen, mit meinem manchmal anstrengend korrekten Leben, mit meiner ausgestreckten Hand, habe ich Teil am Kommen Gottes, an dieser Gegenwart Gottes.
Nicht erst dann, wenn wir große Taten vollbringen und in das Heiligenlexikon aufgenommen werden

Mit meinem ganzen Leben,
gerade in den Selbstverständlichkeiten
des Alltags, bin ich Teil von
Gottes wunderbarer Gegenwart.

In meinen Worten, in meinem Tun beginnt die große Veränderung, dass Berge und Hügel, die zwischen uns Menschen aufgetürmt werden, eben werden, dass die krummen Wege, mit denen wir uns aus dem Weg gehen, oder die krummen Geschichten, mit denen wir unseren Vorteil suchen, gerade werden und zueinander führen, dass die Steine weggeräumt werden, die wir als Missverständnisse und als in uns gehegten Groll mit uns schleppen.

Mit meinem ganzen Leben, gerade in den Selbstverständlichkeiten des Alltags bin ich Teil von Gottes wunderbarer Gegenwart. So bedeutsam ist, wie ich lebe. So wichtig bin ich für Gottes Reich.

Das mag als ein heilsamer Schrecken und zugleich als heilsames Glück über uns kommen. Mag Anstoß sein für die Frage: Was kann, was soll ich tun? Und es mag auch Entlastung sein, ich muss nicht noch mehr tun. Ich bin mit meiner Person, so wie ich bin, Teil von Gottes Kommen, von Gottes Advent in dieser Welt. In mir und durch mich wird dieses Licht wirklich und sichtbar. Und alles Tun und alles Mühen in diesen Tagen findet von daher seinen Sinn, seine Zuordnung, was ist wichtig, was nicht. Wo ich mich leiten lasse von diesem Licht, von dieser inneren Gewissheit, mehr noch von der Freude, dass Er kommt, dass Gott da ist, mitten drin, da ist Advent! Das gilt auch da, wo ich von persönlichen Sorgen gefangen bin, wo ich von den Bildern und der Ohnmacht des Weltgeschehens überwältigt werde, und nur die Hände falten kann mit dem Seufzen und der immer neuen Bitte: *Komm in unsre arme Welt, Herr mit deiner Liebe Werben.*
Da bin ich mitten im Advent, kommt Gott in meine, in unsere Welt. Amen

Du unser Gott, Jesus Christus.

mit deinem Wort
erschütterst du uns,
bringst uns zur Besinnung,
richtest unseren Blick darauf,
was wirklich wichtig ist:
dein Kommen,
dein Dasein
mitten unter uns,
in unserem Reden,
in unserem Tun,
in unserem Lieben.

Schärfe unsere Augen,
dich zu entdecken.
Stärke unseren Mut,
zu leben, was wir glauben.
Amen

Gott,
schenke uns dein Wort
so, dass sich darin eine
Tür auf tut zu dir, und
wir neu verstehen, dass
du und wie du mit uns
und für uns da bist.
Amen

Gehalten in schweren Zeiten

Hebräer 4, 14-16

Liebe Gemeinde,

es war dieser Tage in den Nachrichten, ein Bericht über Flüchtlinge an der syrischen Grenze, und der Reporter bricht nach wenigen Sätzen seinen Bericht ab und sagt: „Es macht einen so betroffen, was sich hier abspielt. Es gibt keine Worte, um das zu fassen." Und ich spüre, wie es mich mit betroffen macht am Bildschirm, wenn ich die Kinder sehe, die an ihren Müttern hängen und Andere verloren am Boden kauern. Die Bilder am Bildschirm wechseln, und ich sehe, wie sie einen Mann aus den Trümmern seines Hauses ziehen, und ich bin noch einmal betroffen, wie ich die zerstörten Häuser sehe, - was, wenn es das Unsere wäre? Und dann kommt meine Frau von einem Telefongespräch und berichtet, dass ein Schwager schwer an Krebs erkrankt ist, und ich bin erschrocken und höre mich sagen, wie viele Menschen dann sagen „o Gott".

Und Sie mögen eigene Situationen hinzufügen, wo sie dieses Gefühl bekommen ‚es hört nicht auf', und diese Betroffenheit, dieses ‚Getroffenwerden', jede Situation oder Nachricht ein kleiner Schlag in die Magengrube oder in den Nacken, der uns zugleich ohnmächtig und hilflos zurücklässt.
Und übrig bleibt dann nur noch der Seufzer ‚o Gott', als ob sich in diesem Seufzer, der selbst Menschen über die Lippen kommt, die sonst nichts mit Gott und Kirche am Hut haben, ein tiefer Wunsch, eine tiefe Sehnsucht verbirgt. Die Sehnsucht, dass da einer, ein Gegenüber, ein Ort ist, in dem diese ganzen Schicksale, die Ohnmacht, die Wut oder was immer uns überkommt untergebracht werden können, vielleicht mit der Hoffnung auf eine Erklärung, eine Antwort, vielleicht auch nur ein Mülleimer für all den Schicksalsjammer.

Und in der Tat, - und jetzt rede ich zu uns als Menschen, die in und mit ihrem Glauben leben und in und mit ihrem Glauben die Antworten suchen auf diese Fragen – dieser aufsteigende Seufzer ‚o Gott', und die Sehnsucht darin können uns in die Mitte, ja zum Zentrum unseres Glaubens führen, wo uns in diesem ‚o Gott' bewusst wird, was wir da sagen. Darin kann sich ein Fenster, ja eine Tür öffnen zu diesem ‚Gott', und all das, was dieses Herz belastet, beschwert, erfüllt, kann gleichsam hinfließen, ausgeschüttet werden, in diesem oft nur stammelnden inneren Seufzer ‚o Gott!'.

Genau das ist es, wohin uns das heutige Predigtwort führen will oder auch neu bestärken will, diesen Weg zu gehen, diesen Weg zur Mitte unseres Glaubens neu zu entdecken und tiefer zu verstehen, wer uns da begegnet, wenn ich sage „o Gott".

Diesen Weg zur Mitte unseres Glaubens
neu zu entdecken,
noch tiefer zu verstehen,
wer uns da begegnet,
wenn ich sage „o Gott".

Es sind Worte eines Mannes, der für Christen schreibt, die aus dem Judentum kommen, und der deshalb an die jüdische Tradition anknüpft, in der der Hohepriester einmal im Jahr im Tempel an dieser Tür zum Allerheiligsten steht und stellvertretend für das ganze Volk die Not und die Bitten vor Gott bringt, vor dieses letzte Gegenüber.

Für den Schreiber aber ist es nicht mehr der Hohepriester im Tempel zu Jerusalem, sondern Jesus. Er ist für ihn in ganz eigener Weise – und nun mit den Worten des Predigtwortes aus dem Hebräerbrief:
14 „er ist der große Hohepriester, Jesus, der Sohn Gottes, der den Himmel und die Erde durchschritten hat. An ihm lasst uns festhalten. 15 Denn in ihm haben wir einen Hohepriester, der mit unserer Schwachheit mitleidet, wo wir nicht mehr weiter wissen, der die Versuchung kennt, mit Macht und Gewalt, dem Bösen Einhalt zu gebieten, und doch der Versuchung nicht erlegen ist, der die Einsamkeit kennt und die Tränen der Verzweiflung, und der doch in unbeirrbarem Vertrauen an Gott festgehalten hat – und darin ohne Sünde ist er geblieben.
16 Deshalb lasst uns mit Zuversicht hinzutreten zu ihm, zum Thron der Gnade, von dem uns nichts als Barmherzigkeit und Gnade entgegenkommen, damit wir bei ihm Hilfe finden zu der Zeit, wenn wir Hilfe nötig haben."
Hebräer 4, 14-16 (Übertragung d.Vf).

"*Lasst uns hinzutreten*" – ein wenig gestelzt klingt das – und heißt doch schlicht, lasst uns den Blick, ja unser Herz auf diese Mitte ausrichten, auf diesen Jesus. Er steht dafür, dass wir mit unserem Leben mit seinem Glück und seinem Leid und mitsamt dieser Welt, die wie ein Narrenschiff durch die Zeiten schaukelt und schlingert, von einer größeren Güte umfasst sind, von einer größeren Gnade, aus der wir Zuversicht schöpfen können.
Es gibt nichts, was wir nicht dorthin, zu diesem Hohepriester tragen könnten. Das ist das Besondere und Kostbare und gehört zum Wesen unseres christlichen Glaubens, dass sich Gott in Jesus als einer zeigt, der mitgeht und mitleidet. Nichts, was dort nicht Raum hat. Auch die Hilflosigkeit und Ohnmacht, ja die Wut, wenn wir zusehen müssen, wie die Mächtigen ihre Völker zerstören, auch unser Land mit Politikern kooperiert, denen die Menschenrechte nur solange recht sind, solange sie nicht ihre Macht gefährden, und Andere - wie in den USA - mit ihren Hassparolen die Macht zu gewinnen hoffen – und dies im Namen Gottes.

Das ist das Besondere und Kostbare
und gehört zum Wesen
unseres christlichen Glaubens,
dass sich Gott in Jesus als einer zeigt,
der mitgeht und mitleidet.

Nichts, was wir nicht dorthin tragen können, was uns in unserem Leben umtreiben mag.
Die Sorge um einen Menschen; die Panik, wenn eins zum anderen kommt, und der Berg der Lasten immer höher wird. Wenn ich wieder und wieder an meine Grenzen komme und froh bin, jeden Tag zu bestehen. Wenn die bedrückende Ungewissheit, wie der Weg weitergeht nach der Trennung, nach der schweren Diagnose, der drohende Verlust des Arbeitsplatzes alles Denken besetzt. Das alles hat seinen Platz, denn da ist dieses Gegenüber, dem nichts Menschliches fremd ist, auch das, was wir tief in uns verschließen, wo wir mit uns selbst allein sind, auch die Schuld, die wir mit niemand, gerade auch mit den Nächsten nicht teilen können.

In dieser Tiefe und zugleich weltumfassenden Weite ist dieses Gegenüber, ist Jesus uns nahe – steht er für diesen Wesenszug Gottes, der mit uns in Beziehung sein will, weist er den Weg, wie wir in dieser Beziehung in einer letzten Tiefe gehalten sind.

Der ganze Weg der Passion Jesu kann begriffen als dieser Weg, uns in der

Beziehung zu unserem Lebensgrund zu halten durch alle Schuld hindurch und noch im Tod.

Ihm nachzufolgen, heißt uns selbst zu diesem Lebensgrund, zu ihm in Beziehung zu setzen und diese Beziehung zu pflegen. Daran kann dieser Seufzer ‚o Gott' uns erinnern, die Tür zu öffnen, uns selbst neu dieser Beziehung zu vergewissern.

Das will geübt, will gepflegt werden, damit wir die Barmherzigkeit – sagt der Schreiber – die Kraft der Güte, die Kraft dieser liebevollen Beziehung dann erfahren, wenn wir Hilfe brauchen. So wie unsere menschlichen Beziehungen lebendig bleiben, wenn wir im Gespräch mit einander bleiben, so braucht diese innerste Beziehung das Gespräch, die stillen hörenden Augenblicke, das ‚Reden des Herzens', wie Luther das nannte, um immer neu zu entdecken, was für ein kostbares Gegenüber er ist.

So, wie unsere menschlichen Beziehungen
lebendig bleiben,
wenn wir im Gespräch mit einander
bleiben,
so braucht diese innerste Beziehung,
das Gespräch mit Gott,
die stillen hörenden Augenblicke

Denn er ist gerade nicht einfach der ‚starke Mann', der auf meine Bitte hin alles regelt, oder mich mit Durchhalteparolen ermahnt „reiß dich zusammen", oder mit Verharmlosung beschwichtigt ‚das wird schon'. Und er ist auch nicht derjenige, der die schnelle Antwort auf alle Fragen hat. Nein, er ist der Mitleidende, der das menschliche Leid kennt, der uns zuhört, auch wenn dieses Reden des Herzens zu Zeiten ohne Antwort bleibt.

Aber dann kann es sein, dass aus diesem Nichts, aus dieser Stille die Antworten erwachsen - plötzlich mitten in meinem suchenden Gespräch klärt sich der nächste Schritt, ob ich mich für die Operation entscheiden soll oder nicht. Klärt sich die Entscheidung, das Gespräch, das mir Angst macht, zu wagen. Mitten in meinem Ringen wächst der Mut zu diesem Schritt, ohne zu wissen, ob es wirklich der richtige ist, doch in dem Vertrauen, dass der, der bisher mit mir war, auch dann mit mir sein wird, wenn es falsch war.
Mitten in meinem seufzenden und bittenden, vielleicht verzweifelten, Rufen, wächst tief eine Kraft, dass ich den Tag mit seinen Anforderungen angehen kann – 'ich habe keine andere Wahl' mag jemand sagen, ja, aber ich bin weniger allein. Und am Abend kann ich sagen: Danke, ich bin hindurch gekom-

men. Oder auch: Danke, es war ein guter Tag.

Und es kann sein: Mitten im inneren Aufschrei über die erschreckenden Nachrichten fällt der Blick auf eine Anzeige, wo Helfer gesucht werden für die Betreuung von Demenzkranken. Und sie springt mich an ‚das wär etwas'. Die Welt kann ich nicht retten, die Wut oder Ohnmacht über die Politik wird bleiben, aber es gibt einen Ort, wo ich mich einbringen kann.
Und auch ganz anders: Mitten in diesem inneren Gespräch fällt mir – warum? – ein Freund ein, den ich aus dem Blick verloren habe. Und ich rufe ihn an und es wird für ihn und für mich zum Geschenk des Tages.
Oder noch anders: Mitten im Nachdenken, in meinem ‚Reden des Herzen' wird mir klar: Dieser Konflikt mit dem Chef oder mit den Verwandten - da will ich nicht mehr schweigen, und ich gehe zum Chef und sage ihm, was meiner Meinung nach faul ist, wage das Gespräch mit den Eltern, oder ich schreibe den Leserbrief, weil ich zu der einseitigen Berichterstattung über Flüchtlinge nicht länger schweigen will.

Und es kann sein, mitten in diesem Reden und Hören überkommt mich ein Glück, eine Dankbarkeit, dieses Gegenüber so spüren zu können, so nah, und der Kopf wird wieder klarer und das Herz leichter, und eine Ahnung überkommt mich von dieser tiefen, umfassenden und tragenden Gnade.
Das ist es, worin uns dieser Glaubensbruder von damals bestärkt, bestätigt oder auch neu motiviert: Diesen Weg zu beschreiten, diese Beziehung zu pflegen, zu leben.

Es braucht keinen Tempel und keinen Hohepriester. Unser Herz ist der Tempel und Jesus ist der Hohepriester.

Es braucht keinen Tempel
und keinen Hohepriester.
Unser Herz ist der Tempel
und Jesus ist der Hohepriester.

Deshalb und jetzt noch einmal in der etwas fremden Sprache Hebräerbriefes: *"Lasst uns hinzutreten mit Zuversicht zu dem Thron der Gnade, damit wir Barmherzigkeit empfangen und Gnade finden zu der Zeit, wenn wir Hilfe nötig haben."*
Amen.

Du unser Gott, Jesus Christus,

so gehen wir
auf unsere Wege
mit dem neuen Mut,
dass du es bist,
der mit uns geht,
dass du es bist,
der uns kennt,
unser Glück und unsere Not,
dass du es bist,
der uns im Guten zugetan ist,
dass du es bist,
mit dem unser Leben
gelingen kann.
Amen

Gott,
schenke uns Dein
Wort so dass
unser Glaube vertieft,
unsere Liebe lebendig
und unsere Hoffnung
gestärkt wird.
Amen

Woher die Liebe ihre Kraft nimmt

Diakoniesonntag *)
1. Korinther 12, 12-14.25-27

Liebe Gemeinde.
Als Predigtwort für den heutigen Diakoniesonntag hören wir einige Zeilen aus dem Brief des Apostel Paulus an die Christen in Korinth:

4 Es sind verschiedene Gaben; aber es ist ein Geist.
6 Und es sind verschiedene Kräfte; aber es ist ein Gott, der da wirkt alles in
allen. 7 In einem jeden offenbart sich der Geist zum Nutzen aller;
12 Denn wie der Leib einer ist und doch viele Glieder hat, alle Glieder des
Leibes aber, obwohl sie viele sind, doch ein Leib sind: so auch ihr in Christus.
13 Denn wir sind durch einen Geist alle zu einem Leib getauft, wir seien Ju-
den oder Griechen, Sklaven oder Freie, und sind alle mit einem Geist ge-
tränkt. 14 Denn auch der Leib ist nicht ein Glied, sondern viele.
26 Und wenn ein Glied leidet, so leiden alle Glieder mit, und wenn ein Glied
geehrt wird, so freuen sich alle Glieder mit.
27 Ihr aber seid der Leib Christi und jeder von euch ein Glied in Christus.
(1. Korinther 12, 12-14.25 -27, Luther 1984)

Liebe Gemeinde,
wer wollte diesem Bild des Paulus nicht zustimmen.
So wünschen wir uns Gemeinschaft. Jede und Jeder hat ihren und seinen Platz, seine und ihre Aufgabe. Jede und jeder ist wichtig trägt mit ihren und seinen Gaben bei zum Nutzen aller.

---

*) Der Verfasser war Seelsorger am Kinderzentrum Maulbronn, einer Klinik für Kinderneurologie und Sozialpädiatrie und Diakoniepfarrer im Kirchenbezirk.

So wünschen wir nicht nur, so verstehen wir Gemeinschaft und die Diakonie. Die tätige Hand der Kirche und ihre ganze Geschichte lassen sich auch beschreiben als das Bemühen, dieses Bild, dieses Verständnis von Gemeinschaft praktisch und konkret umzusetzen, gerade den unansehnlichen Gliedern zu Würde zu verhelfen, die Vergessenen in Erinnerung zu bringen,
den Sprachlosen eine Stimme zu verleihen, denen, die nicht auf eigenen Füßen stehen können, auf die Füße zu helfen, und die durch Armut, durch Krankheit oder auf Grund ihrer Behinderung Ausgegrenzten wieder hereinzuholen ‚mitten ins Leben' – wie zuletzt das Motto der Aktionen der Diakonie in Württemberg lautete.

Und das zu praktizieren mitten in einer Gesellschaft, in der zwar Gemeinschaft und Teamgeist beschworen werden, in der aber die Fähigkeit, sich durchzusetzen, eigene Interessen verteidigen zu können, sich darzustellen, sich gut verkaufen zu können, ein höheres Ansehen haben, als die Bereitschaft, sich um des Ganzen willen zurückzunehmen, in einer Gesellschaft, in der die Steigerung oder Rettung der Lebensqualität für die einen mit der Armut und der Ausgrenzung der anderen einhergeht.
Milliarden werden ausgegeben, um das Missmanagement aufzufangen,
und einem Kind, dessen Eltern von Hartz IV leben, werden nach den Berechnungen des Diakonischen Werkes pro Monat 1,64 Euro (2008) für Schulbedarf zugestanden – das heißt Chancengleichheit!
Durch nichts lässt sich die mal mehr versteckte und dann auch ganz offene Ausgrenzung behinderter Menschen verschleiern.

Durch nichts lässt sich die mal mehr versteckte und dann auch ganz offene Ausgrenzung behinderter Menschen verschleiern.

Auf der eine Seite treibt der Schönheits-und Gesundheitswahn immer neue und kostenträchtige Blüten, auf der anderen Seite müssen Eltern mit einem behinderten Kind sich dafür rechtfertigen, ein solches 'nicht verhindert' zu haben. Manche Eltern trauen sich mit ihrem verhaltensauffälligen, unruhigen Kind nicht mehr auf den Spielplatz, um nicht den Bemerkungen und Erziehungsratschlägen anderer Eltern ausgesetzt zu sein.
Bei aller Freude über erfolgreiche Projekte wie die Tafelläden in vielen Städten, über ehrenamtliches Engagement und Selbsthilfegruppen,
dieses Bild von dem Leib, von der Gemeinschaft, in der es keine Trennung und Spaltung mehr gibt, und die Glieder in gleicherweise füreinander sorgen,

ist von scharfkantigen Brüchen und schmerzenden Rissen und Wunden durchzogen. Das ist so, und wo es an einer Stelle zu heilen beginnt, und eine Lücke im Sozialsystem gekittet ist, brechen die Risse an anderen Stellen wieder auf, wie die Situation der Krankenhäuser zeigt.
Das ist so, und auch unsere Kinder und Enkel werden sich damit auseinandersetzen.
Die Frage, die mich immer neu bewegt, ist diese: Woher nimmt unser Glaube die Kraft, dennoch an diesem Bild gelingender Gemeinschaft festzuhalten?
Woher nimmt unsere Liebe ihre Leidenschaft, auch dann noch zu lieben, wenn alle Liebesmüh vergeblich erschein?
Woher nimmt unsere Hoffnung den langen Atem, auch dann noch zu hoffen, wenn uns ringsum die düsteren Zukunftsbilder von Finanzkrisen, Klimawandel, von unberechenbarem Terror, von wachsender sozialen Spannungen umstellen?

Woher nimmt unsere Liebe
ihre Leidenschaft,
auch dann noch zu lieben,
wenn alle Liebesmüh vergeblich erschein?

Die Antwort lese ich in dem Bild selbst, so wie es Paulus entfaltet, und sie lautet, und das mag zunächst sehr schlicht klingen:
In und durch Christus. Er ist es, der diesen Leib, seine Gemeinde, diese Welt umfasst,
Er ist es, der diesen Leib, unsere Gemeinschaft, die Welt durchströmt mit seinem Geist, mit seiner Kraft bis in den Herzschlag eines einzelnen Menschen und bis an die Enden der Welt. Und das schon immer und noch immer und in Ewigkeit.
Das ist es, was unseren christlichen Glauben ausmacht, bescheidener ausgedrückt, was ich in langen Jahren vielleicht nur ahnend begriffen habe, woraus wir unsere Kraft, unsere Hoffnung und unsere Liebe schöpfen.
Und das gilt auch nicht erst irgendwann, kein 'dann, wenn'. Dann, wenn wir endlich zu den wahren Christen gereift sind, wird alles anders. Dann, wenn wir alle zu Mutter Theresa oder Albert Schweitzer geworden sind, wird die Welt besser. Heute, im Hier und Jetzt, unter uns, die wir hier miteinander feiern, im Kinderzentrum, in der Diakoniestation, wo wir miteinander leben und wirken in unserem Alltag ist er mitten unter uns und in uns mit seinem Geist.
Da ist er gegenwärtig. Erkennbar den Augen, die ihn suchen, erfahrbar den Händen, die ihm trauen, dass sein Geist, seine Kraft noch in der kleinsten

Geste der Pflege wirkt. Tröstend und ermutigend denen, die ihn als ihren Grund und Halt annehmen.

> Wer sich dafür entscheidet,
> Christus
> als die für ihn gültige Deutung des
> Lebens zu wählen, der wird neugie-
> rig,
> wie dieser Christus ihm begegnen

Wer sich dafür entscheidet, Christus als seine Lebensmitte, als die für ihn gültige Deutung des Lebens zu wählen, der wird neugierig, offen, wie dieser Christus mir, wie er uns begegnen will. Die Orientierung findet er in dem, was er uns vorgelebt, mit seiner Option für die Armen, für die Unansehnlichen. *'Was ihr getan habt einem unter diesen geringsten Brüdern, das habt ihr mir getan.' (Matthäus 25,40)*

Das ist es, was Diakonie ausmacht, in den Menschen ihn zu suchen, zu erkennen, gerade in den Unansehnlichsten, in den Unbegabten.
In den letzten Wochen waren zufällig zwei Kinder im Kinderzentrum, die den Namen Christos trugen wie eine Aufforderung ihres Namensgebers: Sieh' mich an, mein Atem in diesem Kind, meine Kraft in der Mutter, meine Liebe in diesen Menschen.

Das ist der Blick, wo eine Verbindung entsteht, wo die Gemeinschaft wächst, diese Liebe zu teilen, mit den Augen, die in diesem anderen Menschen Christus zu sehen.
Da wächst die Kraft, diesen Menschen, dieses Glied am Leib zu stärken mit allen Möglichkeiten der fachlichen Kompetenz, der sozialrechtlichen Ressourcen, und auch mit den kreativen Einfällen, wie das Ansehen, das Selbstwertgefühl, das Selbstvertrauen gerade dieses Menschen gestärkt werden, wie seine Last erleichtert kann.
Das wächst die Kraft, sich mit aller Leidenschaft einzusetzen, wo die Würde missachtet wird, wo Strukturen und Gesetze das Leben nicht fördern, sondern schwächen – sich dennoch nicht entmutigen zu lassen, sich dennoch mit Leidenschaft und Klugheit für diejenigen einzusetzen, die *'töricht vor der Welt, gering und verachtet sind'(1. Korinther 1,27).*
Das sind nicht die großen Wunder, die pressewirksamen Aktionen – das ist Alltag in kleinen Szenen, einem Kind auf die Beine zu helfen, die Nachttöpfe im Pflegeheim zu leeren, wieder und wieder bei den Hausbesuchen die Geschichte des Demenzkanken anzuhören. Oder auch mit denen, die in die Schuldenfalle geraten sind, Ausgabepläne zu erstellen, mit Hartnäckigkeit in

den Gremien zu verhandeln. Und das immer neu mit dem Blick zu dem hin, der in seinen ausgebreiteten Armen, in dem Kreuz die Spannungen und Gegensätze aushält, der die Liebe als innerste Kraft Gottes durchträgt.

Deshalb ist Christus die Mitte der Diakonie auch in ihrem Zeichen dem Kronenkreuz, weil in ihm und durch ihn unser Glaube seine Kraft empfängt, und unsere Liebe ihre Leidenschaft gewinnt, und unsere Hoffnung Tag um Tag Atem schöpft.
Amen

Herr Jesus Christus,

du bist die Mitte, aus der wir leben können,
du bist die Hoffnung, aus der wir Kraft schöpfen,
du bist die Liebe, die uns trägt.
Dafür danken wir dir.
Hilf uns dazu,
selbst andere in unsere Mitte zu nehmen,
ihnen Teil zu geben an deiner Liebe.
Gib uns wache Augen für die Menschen in Not.
Gib uns offene Ohren für die Rufe um Hilfe.
Schenk uns Phantasie für das notwendige Tun.

Wir bitten dich,
segne den Dienst in den Einrichtungen der Diakonie,
in den Familien, in der Nachbarschaft,
in den zufälligen Begegnungen,
wo immer dein Atem zu spüren
und dein Herzschlag zu fühlen ist.
Du bist unsere Hoffnung, dich preisen wir.
Amen

z Psalm 67

Du unser Gott

darum bitten wir dich,
dass du uns segnest
und dein Wort unser Herz berühre
und wir deinen Weg erkennen
mit den Menschen und Völkern
und mit jedem und jeder einzelnen
von uns.

dass wir dir danken
für deine Wege mit uns
durch alles Dunkel
und alle Ängste und Unsicherheit,
die unsere Wege begleiten
gerade auch in diesen Tagen..

Segne du diesen Gottesdienst
unser Hören und Nachdenken,
unser Beten und Singen
auf dass unser Vertrauen in dich
gestärkt werde.
Amen

Woran gelungenes Leben gemessen wird

Matthäus 25, 31 - 46
Schriftlesung : Lukas 10, 25 - 37

Liebe Gemeinde,
an diesem vorletzten Sonntag im Kirchenjahr, zugleich dem Volkstrauertag werden wir mit einer dramatischen, endzeitlichen Szene konfrontiert, dem großen Weltgericht, wie dieser Abschnitt aus dem Evangelium nach Matthäus überschrieben ist.

31 Wenn aber der Menschensohn kommen wird in seiner Herrlichkeit und alle Engel mit ihm, dann wird er sitzen auf dem Thron seiner Herrlichkeit, 32 und alle Völker werden vor ihm versammelt werden. Und er wird sie voneinander

scheiden, wie ein Hirt die Schafe von den Böcken scheidet, 33 und wird die
Schafe zu seiner Rechten stellen und die Böcke zur Linken.
34 Da wird dann der König sagen zu denen zu seiner Rechten: Kommt her,
ihr Gesegneten meines Vaters, ererbt das Reich, das euch bereitet ist von
Anbeginn der Welt!
35 Denn ich bin hungrig gewesen und ihr habt mir zu essen gegeben. Ich bin
durstig gewesen und ihr habt mir zu trinken gegeben. Ich bin ein Fremder
gewesen und ihr habt mich aufgenommen.
36 Ich bin nackt gewesen und ihr habt mich gekleidet. Ich bin krank gewesen
und ihr habt mich besucht. Ich bin im Gefängnis gewesen und ihr seid zu mir
gekommen.
37 Dann werden ihm die Gerechten antworten und sagen: Herr, wann haben
wir dich hungrig gesehen und haben dir zu essen gegeben, oder durstig und
haben dir zu trinken gegeben?
38 Wann haben wir dich als Fremden gesehen und haben dich aufgenom-
men, oder nackt und haben dich gekleidet?
39 Wann haben wir dich krank oder im Gefängnis gesehen und sind zu dir
gekommen?
40 Und der König wird antworten und zu ihnen sagen: Wahrlich, ich sage
euch: Was ihr getan habt einem von diesen meinen geringsten Brüdern, das
habt ihr mir getan.
41 Dann wird er auch sagen zu denen zur Linken: Geht weg von mir, ihr Ver-
fluchten, in das ewige Feuer, das bereitet ist dem Teufel und seinen Engeln!
42 Denn ich bin hungrig gewesen und ihr habt mir nicht zu essen gegeben.
Ich bin durstig gewesen und ihr habt mir nicht zu trinken gegeben.
43 Ich bin ein Fremder gewesen und ihr habt mich nicht aufgenommen. Ich
bin nackt gewesen und ihr habt mich nicht gekleidet. Ich bin krank und im Ge-
fängnis gewesen und ihr habt mich nicht besucht.
44 Dann werden sie ihm auch antworten und sagen: Herr, wann haben wir
dich hungrig oder durstig gesehen oder als Fremden oder nackt oder krank
oder im Gefängnis und haben dir nicht gedient?
45 Dann wird er ihnen antworten und sagen: Wahrlich, ich sage euch: Was
ihr nicht getan habt einem von diesen Geringsten, das habt ihr mir auch nicht
getan.
46 Und sie werden hingehen: diese zur ewigen Strafe, aber die Gerechten in
*das ewige Leben. (*Matthäus 25, 31 – 46 Luther 1984)

Ganz spontan und unter dem Eindruck des Terroranschlages auf die Zeitschrift 'Charlie Hebdo' in Paris mit elf Toten möchte man sich solch ein Weltgericht wünschen und nicht erst am jüngsten Tag, ein Gericht, in dem diejenigen gerichtet werden, die so viel Leid über andere gebracht haben. Wer wünscht sich das nicht manches Mal, wenn wir darüber hinaus in die Weltgeschichte schauen, wenn wir an die Gräuel der braunen Diktatur bei uns und anderer Diktaturen denken, an all die Gewalt und das Unrecht, die die Menschengeschichte durchziehen.

Aber Vorsicht – dann stehen auch wir vor dem Weltenrichter, dann trifft auch uns sein Urteil, die einen zur Rechten bestimmt für die ewige Seligkeit, die anderen zur Linken verdammt zur ewigen Strafe. Nicht ohne Grund ist es diese Szene des Weltgerichts, die an manchen alten Kirchen über dem Eingangsportal in Stein gehauen findet. Alle, die durch das Portal gehen, werden daran erinnert und gewarnt ‚Mensch, bedenke, auf welcher Seite du stehst'.

Und die Frage mag sich bedenklich schwer auf die Brust legen, zu welcher Seite gehöre ich, zu den Schafen oder zu den Böcken, rechts oder links. Und was, wenn dieses Gericht heute und hier in unserer Kirche stattfände, und wir nach links und rechts verteilt würden - auf welcher Seite würde ich mich wohl vorfinden?

Und die Frage mag sich bedenklich schwer auf die Brust legen, zu welcher Seite gehöre ich?

Und die Gedanken beginnen zu kreisen, was habe ich Gutes getan, wo einem der Geringsten mich zugewandt, was steht auf der Liste der guten Taten, der Euro für den Bettler am Adenauerplatz, die Spende für die Diakonie, die Hilfe für den kranken Freund. Und was habe ich versäumt, was habe ich mit offenen Augen nicht getan, wo habe ich die Bitte des Nachbarn überhört, die Tränen der Arbeitskollegin übersehen?

Und auch wenn der Kopf sich alle möglichen Rechtfertigungen zu Recht legt, und wir eine aufgeklärte Distanz zu solchen Bildern haben, so bleibt doch eine dumpfe Beklommenheit, vielleicht auch eine leise Angst zurück, was wenn doch?

Jahrhundertelang wurde dieses Gleichnis Jesu dazu benutzt, um Angst zu machen, und mit der Angst zu guten Taten zu erziehen und nicht zuletzt zu vermitteln, dass sich der wahre Glaube in der guten Tat zeigt, Mutter Teresa als Vorbild und wahre Heilige. „An ihren Früchten sollt ihr sie erkennen."

Und sicher ist es richtig, dass die Peitsche des schlechten Gewissens uns in unserem Glauben dann und wann in die richtige Richtung treibt, und dann und wann aus unserer Bequemlichkeit und unserer Sucht, alles zu rechtfertigen, aufschreckt und nachdenken lässt, wie es um uns bestellt ist.

Und sicher kommt dieses Gleichnis Jesu auch unserem Bedürfnis nach Gerechtigkeit entgegen, und tut auch dem Wunsch nach Vergeltung gut, wenigstens in solchen Bildern die Bösen bestraft zu sehen. Wie viele Filme, Krimis und Romane leben davon, dass die Guten siegen und die Bösen bestraft werden.

Aber – kann dieses Bedürfnis nach Vergeltung und die Angst vor der Strafe Antrieb und Motivation unseres Glaubens sein? Die Botschaft Jesu ist nach meinem Verständnis eine Andere. Und gerade dieses Gleichnis vom Weltgericht kann man, ja muss man aus der Mitte der Schrift anders lesen als ein Weg aus der Angst, als ein Weg in die Menschlichkeit.

Denn Mitte und Angelpunkt in diesem Gleichnis ist nicht das Gericht, sondern der Richter, der Menschensohn, Christus. Er ist es, in dem ein Menschsein aufscheint, wie es von Gott her gemeint ist. Ein Menschsein, wie es in seinem Leben aufscheint von Anbeginn: Das Kind in der Krippe, verletzlich und bedürftig, und das gerade so bis heute die Freundlichkeit und Liebe herauslockt.

Mitte und Angelpunkt in diesem Gleichnis ist nicht das Gericht, sondern der Richter, der Menschensohn, Christus.

Der Mann, der sich mit heilenden Worten und Händen den Menschen zuwendet, zuneigt, und der dieses Menschsein bis zum letzten Atemzug bewahrt, festhält, und selbst diejenigen, die ihn töten, erkennen: Ecce homo – siehe, ein wahrer Mensch!
Das ist der Menschensohn, das ist der Richter auf dem Thron, dessen ganzes Leben eine große Bewegung auf die Menschen zu ist, eine große Bewegung der Liebe.
Und sie ereignet sich überall dort,
- wo Menschen sich als Menschen begegnen,
- wo Menschen sich sehen, erkennen, wahrnehmen in ihrem Menschsein, in ihrer Not. Da ist er mitten unter ihnen, wo eine hungrig ist nach Brot, nach Liebe, und einer den Hunger erkennt und stillt;
- wo einer fremd ist, sich ausgeschlossen fühlt, und er hereingenommen wird

in die Gemeinschaft;
- wo eine krank ist mit allen Ängsten um ihr Leben, und einer hingeht und sie besucht und die Brücke zum Leben für sie schlägt,
- wo wir einander im Anderen als Mensch erkennen, da sehen wir in seinem Antlitz das Antlitz des Menschensohnes, da ereignete es sich, mitten im Alltag, "mitten unter euch". Ein Mensch unter Menschen.

> Das ist unser Glaube, dass sich in solchem Menschsein unser Leben erfüllt, ganz schlicht, ganz alltäglich, ganz nah und weltweit.

Das ist unser Glaube, dass sich in solchem Menschsein unser Leben erfüllt, ganz schlicht, ganz alltäglich, ganz nah und weltweit - im selbstverständlichen Tun des Menschlichen. Gerade dort, wo es absichtslos und ohne Seitenblick auf das Lob Anderer und ohne Häkchen auf der Liste der guten Taten geschieht.
Wo einer sein Klavier nimmt und mitten am Ort des Terrors Musik macht, - so gestern eine Szene im Fernsehen - wo Menschen im Chaos der andrängenden Geflüchteten Wasserflaschen und Brot verteilen, wo einer dem Arbeitskollegen, der seine Frau verloren hat, die Hand auf die Schulter legt, vielleicht ohne Worte, Zeichen von Mensch zu Mensch, wo eine sich Zeit nimmt am Telefon und zuhört, bis das Ohr heiß ist - da geschieht es, das Menschsein.

Und klar, da wird messerscharf auch das Andere deutlich, das Unmenschliche. Wo die Angst um sich selbst, der Egoismus das Leben bestimmt, wo sich Hände und Herz verschließen nach innen, und zugleich mit Gewalt nach außen die Menschlichkeit niedermachen – da geschieht, unerträglich, tagtäglich das, was wir auch in unserer Alltagssprache als 'unmenschlich' bezeichnen, die Ent-menschlichung, und legt sich immer neu als schwere Last auf uns.

Genau da aber gilt es, den Blick weg von sich selbst, von unserer Ohnmacht, auch von unserem schlechten Gewissen, weg von uns auf den zu richten, vor dem wir offenbar sind ohne jede Verschleierung. Der die Wahrheit unserer Versäumnisse und die Wahrheit unserer Liebe kennt, und in dessen Blick alles noch einmal ganz anders ist – der das Herz sieht und seine Abgründe und ebenso die kleinen Gesten der Menschlichkeit, die so selbstverständlich sein können, dass wir sie nicht bemerken.

Er ist es, der uns letztendlich - gerade als der Richter, vor dem ich offenbar bin - als derjenige begegnet, in dessen ausgebreiteten Armen am Kreuz all die Not und Schuld dieser Welt ihren Platz haben. Das ist unsere Hoffnung, dass der Menschensohn, sein Menschsein, seine Liebe, durch alle Not und Schuld und trotz aller Not und Schuld den Sieg behalten wird.

Das ist unsere Hoffnung, dass der Menschensohn, sein Menschsein, seine Liebe, durch alle Not und Schuld und trotz aller Not und Schuld den Sieg behalten wird.

Genau das hat der Evangelist Matthäus in seinem Evangelium wie eine verborgene Botschaft festgehalten, in dem er sein Evangelium nicht mit dieser Gerichtsszene enden lässt, sondern genau da, wo sich das Entsetzen über diese Weltgeschichte ausbreitet, beginnt die Passionsgeschichte, der Weg des Menschensohns, der die Menschlichkeit und die Liebe bis ans Kreuz trägt, und der aufersteht in unserem Glauben, in unserem Vertrauen in ihn. Es ist das Vertrauen, dass dies der Weg in eine Zukunft ist, in der 'der Mensch dem Menschen zum Menschen wird', der Weg der Liebe.
Über diesem Weg – so hält es Matthäus ganz am Ende seines Evangeliums fest – spricht der Menschensohn seine Verheißung: Siehe ich bin bei Euch alle Tage bis an das Ende der Welt.

Das ist der Antrieb unseres Glaubens, der Mut, gegen den Augenschein, gegen die Angst, gegen den Ruf nach Vergeltung. Es ist der Weg des Menschensohns, des Menschseins, den Weg der Liebe zu wagen und zu gehen.
Amen

Du unser Gott Jesus Christus ,

wenn wir verstünden die Welt
mit deinen Augen zu sehen,
dann könnten wir sehen,
wie du uns begegnest
das Antlitz deines Sohnes
in jedem Menschen,
die Sehnsucht nach Erlösung
hinter aller Angst,
die Sehnsucht nach Frieden
inmitten aller Gewalt.
Wir bitten dich,
lass uns nicht mutlos werden
angesichts der vielen Aufgaben,
die wir sehen, sondern hilf uns,
mutig und gelassen,
dem einen Bruder, der einen Schwester
das zu geben,
was er und sie brauchen,
und was wir geben können.
Amen

4. Spuren neuen Lebens

Du unser Gott,

wir danken dir an diesem Ostermorgen,
dass du den Tod überwunden hast
und das Leben hervorgerufen hast aus dem Grab,
Licht aus der Finsternis,
deinen Sohn Jesus Christus.
Du Gott,
alle unsere Tage empfangen ihr Licht
von diesem Morgen,
da über unserem Leben
das Licht der Hoffnung aufgegangen ist,
ein Licht, das nie mehr verlöschen wird.
Dir sei Lob, Preis und Ehre.
So lass das Licht dieses Morgens
in unser Herz dringen
und den Atem deiner Schöpferkraft
unsere Seele füllen
und unser Vertrauen in dich
aufblühen wie das Grün in diesen Tagen.
Amen

Die Spur neuen Lebens

1. Korinther
15, 19-28
Ostern

Liebe Gemeinde,
das Predigtwort für das heutige Osterfest sid einige Zeilen aus dem 1. Brief des Apostel Paulus an die Christen in Korinth:

19 *Hoffen wir allein in diesem Leben auf Christus, so sind wir die elendesten unter allen Menschen.*
20 *Nun aber ist Christus auferstanden von den Toten als Erstling unter denen, die entschlafen sind.*
21 *Denn da durch einen Menschen der Tod gekommen ist, so kommt auch durch einen Menschen die Auferstehung der Toten.*

22 Denn wie sie in Adam alle sterben, so werden sie in Christus alle lebendig gemacht werden.
23 Ein jeder aber in seiner Ordnung: als Erstling Christus; danach, wenn er kommen wird, die, die Christus angehören;
24 danach das Ende, wenn er das Reich Gott, dem Vater, übergeben wird, nachdem er alle Herrschaft und alle Macht und Gewalt vernichtet hat.
25 Denn er muss herrschen, bis Gott ihm »alle Feinde unter seine Füße legt« (Psalm 110,1).
26 Der letzte Feind, der vernichtet wird, ist der Tod.
27 Denn »alles hat er unter seine Füße getan« (Psalm 8,7). Wenn es aber heißt, alles sei ihm unterworfen, so ist offenbar, dass der ausgenommen ist, der ihm alles unterworfen hat.
28 Wenn aber alles ihm untertan sein wird, dann wird auch der Sohn selbst untertan sein dem, der ihm alles unterworfen hat, damit Gott sei alles in allem. (1. Korinther 15, 19-28, Luther 1984).

Liebe Gemeinde,
"Nun aber ist Christus auferstanden.." - der Anfang ist gemacht. Das Licht ist entzündet mitten in der Nacht, so wie wir heute Morgen die Osterkerze entzündet haben in der dunklen Kirche, hoffend und bangend auf den anbrechenden Tag. Es hat lange gedauert heute Morgen, so wie wir das vielleicht auch von anderen solchen frühen Morgenstunden kennen, wenn wir wach liegen und auf die ersten Spuren des Lichtes warten. Und dann der erste Vogelruf, der erste Schimmer, das Aufatmen: Es wird Tag - endlich - es wird wieder Tag!
So wie es jeden Morgen Tag wird seit jenem ersten Schöpfungstag, da Gott sprach: "Es werde Licht!", und mit dem Licht die Schöpfung ins Leben rief und mit der Schöpfung den Menschen, Adam, uns, seine Menschen.
So ist es mit jedem Morgen der Sieg des Lichts über das Dunkel.
Und doch wissen wir, spüren es in den Gedanken, die uns gerade in den frühen Stunden umtreiben können, dass in diesem Licht, unter dieser Sonne auch viel Elend sichtbar wird, und dass jeder Tag dann auch wieder im Dunkel versinkt. Und wir wissen auch, dass wir einerseits mit jedem Adam und jeder Eva, jedem Menschen, der geboren wird, das neue Lebenslicht feiern, und doch zugleich die Schatten der Welt ahnen und fürch-

Der Riss zieht sich
als schmerzliche Wundspur
durch diese Schöpfung

ten, in die hinein es geboren wird.
Der Riss zieht sich als eine schmerzliche Wundspur durch diese Schöpfung und gerade wir Menschen werden unablässig daran erinnert, dass dieses Leben vergänglich ist, dass wir sterben müssen, auch wenn wir noch so sehr dagegen ankämpfen und dem Tod Millimeter um Millimeter abzuringen versuchen. Aller Fortschritt, den wir auf medizinischem und technischem Gebiet erreichen, und auch begrüßen, dieses Leben ein bisschen zu verlängern, die Welt zu verbessern - kann nicht vergessen machen, dass wir mit dem Fortschritt zugleich neue Todesspuren gelegt haben und immer neu legen, Todesspuren die in ihrer Furchtbarkeit das Stück gewonnenen Lebens bei Weitem aufwiegen.

Wer also darauf setzt und Ostern als einen neuen Hoffnungsimpuls versteht, dass wir es doch irgendwie schaffen werden - mit Gottes Hilfe - , dieses Leben zu verbessern, der wird umso mehr enttäuscht werden und wird angesichts der fortdauernden Heillosigkeit der Welt auch an Gott verzweifeln.
"Hoffen wir allein in diesem Leben auf Christus, so sind wir die elendesten unter den Menschen", lautet der Schluss, den Paulus zieht.
Diese Schöpfung und wir mit ihr bleiben unter dem Zeichen des Todes, der Endlichkeit, hinauszudenken letztendlich bis dahin, - was uns inzwischen nicht mehr so unmöglich erscheint, - dass diese ganze Erde irgendwann dem Tod verfällt und als toter Planet durch das Weltall wandert, vielleicht durch eine der tödlichen Spuren verursacht, die wir selbst gelegt haben.
Aber genau in eine dieser Todesspuren hat Gott eingegriffen, und den einen Adam, der ein Mensch war wie wir, Christus, nicht dem Friedhof der Todverfallenheit überlassen.
Er lebt.
Gott hat mit ihm mitten zwischen unsere Todesspuren eine Spur neuen Lebens gelegt, eines Lebens, das den Tod überwunden hat, das sich aus einem tieferen Leben empfängt, aus Gott, der beides Leben und Tod umfasst.

Gott hat mit ihm mitten zwischen unsere Todesspuren eine Spur neuen Lebens gelegt

Ein unbegreifliches Wunder! Wie kann davon in angemessenen Menschenworten geredet werden? Und doch ist es erkennbar an diesem einen, ja nach vollziehbar und ragt - fast mit Händen zu greifen - fühlbar und spürbar in dieses Leben herein.
Denn der eine, den Gott auferweckt hat, Jesus, hat mit seinem Leben diese Spur gelegt, in seinen Worten darauf hingewiesen, in seinem Tun gezeigt,

wie sie aussehen kann, diese Spur des neuen Lebens, wenn er in dem Blinden zugleich den Sehenden erkennt, in dem Tauben den Hörenden vernimmt, in den Gefangenen den freien Menschen sieht, in den Armen die Reichen und in den Elenden die Gesegneten - Leben, wie es vor Gott aussehen kann.

Er hat sich nicht blenden lassen von dem Todesblick, von all den Todesspuren. Selbst dann, als sie ihn mit hineingezogen haben in ihre Todesspur, ist er dem Leben aus Gott, der Liebe treu geblieben. Und hat noch in seinen Mördern die der Vergebung bedürftigen Menschen gesehen: "Vater, vergib ihnen, denn sie wissen nicht, was sie tun" und in dem Todgeweihten an seiner Seite, dem Mitgekreuzigten, den nach Leben sehnsüchtigen Mann erkannt und ihm verheißen: "Heute noch wirst du mit mir im Leben sein".
Er ist dem Leben aus Gott treugeblieben, "deshalb hat ihn Gott auch auferweckt und ihm einen Namen gegeben, der über alle Namen ist" - heißt es in jenem frühen Christuslied im Philipperbrief.

Deshalb und seitdem lässt sich diese Spur ausprobieren und ihr nachfolgen mit den Augen, die noch mitten in der Nacht das Licht suchen, mit Ohren, die noch mitten in der dunklen Stille auf den Vogelruf lauschen, mit einem Herzen, das noch im Feind den Menschen zu erkennen, ja zu lieben sucht, der wie ich selbst zum Leben aus Gott gerufen, bestimmt ist.

So lassen sich mitten in dieser Welt die Lebensspuren entdecken mit den Augen des Herzens. So lassen sich nicht nur die Zeichen des Mangels und des Todes entdecken, sondern die Zeichen der Liebe und des Lebens, wie es Gott gemeint hat.

So lassen sich mitten in dieser Welt
die Lebensspuren entdecken
mit den Augen des Herzens.

Noch dort, wo wir mit unserer Endlichkeit konfrontiert werden, wo uns das Grauen packt und wir nur noch ohnmächtig verstummen angesichts all des unendlichen Leids, entdecken die Augen des Glaubens solche diese Spuren des Lebens.
Dieser Tage las ich einen Bericht von einem jungen Arzt, der in Bosnien in einem Krankenhaus mithalf, und dazu auf eigene Kosten ein halbes Jahr Urlaub nahm. Erzieherinnen unseres Kindergartens und Mitarbeiterinnen im Asylkreis haben - gegen den Wiederstand der Behörden - erreicht, dass Kinder aus der Asylunterkunft nachmittags in den Kindergarten kommen können

- Spuren des Lebens.
Und näher: Da erlebe ich bei meinen Besuchen die Treue, mit der Frauen und Männer in unserer Gemeinde ihre Angehörigen pflegen, Tag für Tag. Und ich sehe die Mutter mit zwei behinderten Kindern, alleinerziehend, wie sie sich durchkämpft und Nachbarn die Kinder für Stunden betreuen und ihr damit eine Atempause ermöglichen.

Das ist es, wo wir die Spuren des neuen Lebens entdecken.
Wo wir oft nichts Gutes sehen, wo unsere Augen oft nur noch den Tod sehen, wo für uns schlussendlich diese schmerzliche Grenze unwiederbringlich erreicht ist, da hat Gott das Licht aufgehen lassen, da hat Gott die Spur des neuen Lebens begonnen und Christus aus dem Tod auferweckt.
Deshalb können auch wir unseren Blick über diese Grenze hinauswagen, hoffend auf ein Leben, das anders und ewig ist, durchflutet von Gottes Licht, das manchmal wie in einem Vorschein des Friedens auf den Gesichtern der Toten zu liegen scheint.

Die Spur des neuen Lebens hat begonnen. Und sie weitet sich aus an diesem Ostermorgen - in unserem Predigtwort - zu einem weit ausholenden Bild, in das wir alle mitsamt der ganzen Schöpfung einbezogen, eingezeichnet sind, wenn Gott "sein wird alles in allem".
Wie das sein wird, wie das aussehen kann? Da hat schon Paulus sich gewehrt und gemeint: Das übersteigt unsere menschliche Vorstellungskraft. Es ist wie mit dem Samenkorn, dem man nicht ansieht, was einmal daraus hervorkeimen und - wachsen wird. Es mag genügen, zu glauben und zu trauen, dass wir in Gottes Lichtgegenwart hineingenommen sein werden und er "wird abwischen alle Tränen von unseren Augen, und der Tod wird nicht mehr sein, noch Geschrei noch Schmerz wird mehr sein."(Offenbarung 21)
Welch' ein Aussicht!

*Es mag genügen, zu glauben
und zu trauen,
dass wir in Gottes Lichtgegenwart
hineingenommen sein werden*

Heute aber, am Fest der Auferstehung, heißt es, den Anfang feiern. Und aus Freude über diesen Anfang alle Lust und alle Phantasie aufblühen zu lassen, mit solchen Augen der Auferstehung das Leben zu suchen. So wie wir heute die Ostereier suchen werden, Ursymbol des noch verborgenen und dann hervorbrechenden Lebens. So gilt es das Leben zu suchen, neugierig, wo es

Gott für uns versteckt hat, neugierig, wo wir es selbst ans Licht bringen können aus den Verstecken im Gestrüpp unserer Welt oder aus den dunklen Mauerecken eines Lebens. Manchmal liegt es vor den Füßen, und wir sehen es nicht.
Manchmal wird es vergessen, und wir entdecken es erst Zeiten danach. Manchmal bricht es hervor, hell sichtbar, und manchmal braucht es unsere behutsamen Hände, es hervorzulocken.
Aber es ist da. Gott hat die Spur neuen Lebens gelegt, das ist es, was wir heute feiern.

Du unser Gott,

wir danken dir,
dass du Jesus Christus aus dem Tode auferweckt hast
und unser Dunkel in Licht verwandelt hast,
dass du mit jedem Anbrechen eines neuen Tages
uns an die Spur neuen Lebens erinnerst,
die du in Jesus Christus
zwischen all die Todesspuren unseres Lebens gelegt hast.
Er lebt,
und so ist nun alles in ein neues Licht getaucht.
Er lebt
und so ist nun alles Leben auf dieser Erde neu geworden,
von neuer Frische erfüllt, von neuer Hoffnung beseelt,
Er lebt
und so hat unser Leben eine neue Richtung bekommen,
einen neuen Inhalt, ein Ziel,
das nicht mehr im Dunkel verschwinden kann;
Er lebt
und so können wir uns miteinander aufmachen
und unseren Weg fröhlich weitergehen.
Amen

Du unser Gott in Jesus Christus,

du kommst zu uns
in das zerbrechliche Haus unseres Lebens,
dich erwarten wir
mit deiner guten Gegenwart.
Laß uns stille werden zu dir hin.
Laß unsere Seele ihr Lied finden
mit all der unausgesprochenen Sehnsucht
und Hoffnung
nach Frieden innen und außen,
nach Heimat und Angenommen sein,
mit all der Angst und Last unseres Lebens,
die unser Herz schwer macht,
mit all der Kraft und Lebendigkeit
die du in uns weckst.

Gott
dir öffnen wir uns.
Sieh uns an mit den Augen deiner Liebe.
Lass uns hören und neu verstehen,
wie du in unserem Leben gegenwärtig bist
tiefer als wir dies je ahnen,
auch jetzt,
da wir miteinander Gottesdienst feiern.
Amen

Die Liebe
ist ausgegossen
in unser Herz

Römer 5 u12

Liebe Gemeinde!

Der 1. Sonntag nachdem Erscheinungsfest, der erste ‚normale' Sonntag im Jahr. Und wie oft zu diesem Zeitpunkt stellt sich die Frage, was wir aus all dem fröhlichen Feiern und den berührenden Worten der Weihnachtsgeschichte, *dass Gott sein Wohlgefallen über uns ausspricht, sein guter Geist*

inmitten unserer Welt Wohnung nimmt – was wir aus alledem mitnehmen in unseren Alltag. Welche Konsequenzen das haben könnte für diesen Alltag, wenn wir dann wieder die Zeitung aufschlagen, den Fernseher anmachen und alle die weihnachtlichen Bilder und Gefühle – spätestes mit den Bildern und Berichten aus Köln (die Übergriffe in der Silvesternacht, Anm. d.Vf.) – zugedeckt und weggewischt werden. Oder dass sie von dem Schicksal in meinem nächsten Umfeld, das mich bedrängt und zugleich hilflos macht, überlagert werden.
Das ist so, und beides gehört zu unserem Leben, das Feiern und die Not, Weihnachten und der Alltag. Wie aber halten wir beides zusammen, wie geht beides zusammen, unser Glauben und die Welt?

Wie aber halten wir beides zusammen,
wie geht beides zusammen
unser Glaube und die Welt?

Manchmal hilft es, anderen lebens- und besser noch glaubenserfahrenen Menschen zuzuhören, die uns teilgeben an ihren Einsichten, was ihnen hilft, was sich bewährt hat, worauf zu achten ist – geistliche Ratgeber möchte ich sie nennen. Und Paulus ist solch ein geistlicher Ratgeber.
Und so lese ich einige Sätze aus seinem Brief an die Christen in Rom als solche Worte eines geistlichen Ratgebers.

Die Liebe Gottes ist ausgegossen in unsre Herzen durch den Heiligen Geist, der uns gegeben ist.
Die Liebe sei ohne Falsch. Hasst das Böse, hängt dem Guten an und überwindet das Böse mit Gutem.
Die geschwisterliche Liebe untereinander sei herzlich. Einer komme dem andern mit Ehrerbietung zuvor.
Seid nicht träge in dem, was ihr tun sollt. Seid brennend im Geist. Dient dem Herrn.
Segnet, die euch verfolgen; segnet, und flucht nicht.
Seid fröhlich in Hoffnung, geduldig in Trübsal, beharrlich im Gebet.
(Römer 5,5/12,9-12 in eigner Reihenfolge, Luther 1984)

„Die Liebe Gottes ist ausgegossen in unser Herz durch den Heiligen Geist“.
Schon mit diesem ersten Satz weist Pauls wie eine Überschrift auf die Mitte, auf das Zentrum hin.
Und er führt uns damit vor allen Ratschlägen in diese innere Herzenskammer mit der Erinnerung daran, dass diese Kraft, aus der wir leben, da ist, ausge-

gossen in unser Herz, Gottes Geschenk. Aus dieser Mitte öffnet sich der Raum für das alles Weitere – nach innen wie nach außen.

Und wenn hier von Liebe die Rede ist, so geht es dabei nicht um schöne Gefühle, sondern um diese Urkraft, die das Leben will. Die Liebe als das Gute schlechthin, die in sich die Kraft zu allem Guten birgt, die nicht wir aufbringen müssen, sondern die tief in uns ausgegossen ist, wenn auch oft verschüttet und verkannt.

Wenn hier von Liebe die Rede ist, so geht es dabei nicht um schöne Gefühle, sondern um diese Urkraft, die das Leben will.

Das möchte ich zunächst in Großbuchstaben und Fettschrift festhalten, weil uns diese Gewissheit, dass sie da ist, ausgegossen in unsere Herzen, so leicht abhanden kommt angesichts der Lieb-Losigkeit, angesichts der Bilder aus Köln und anderswo. Diese machen uns Angst, und sie üben zugleich eine eigentümliche Faszination aus, so dass wir darauf starren, und sie mit Zeitungsberichten und Brennpunkten im Fernsehen verstärken. Darüber aber verlieren wir so leicht das Vertrauen in diese größere Kraft aus dem Blick, die uns umgibt und trägt und unser Herz füllt.

Gerade weil das so ist, gilt es umso mehr unseren Glaubensgrund festzuhalten und zu erinnern. Deshalb ist Weihnachten auch mit all dem äußerlich Schönen, den Geschenken, die noch immer in unseren Händen liegen, so wichtig, und will eine bleibende Vergewisserung dieser Gotteskraft sein. Wie wäre es, wenn wir die Krippe mit dem Kind, Zeichen für das Geschenk der Liebe, nicht mit Ochs und Esel wegpacken, sondern stehen lassen mitten im Zimmer.

Denn mit dem Blick zu ihr, besser zu ihm, dem Christus, halten wir auch den Blick aus in unsere Welt, dorthin, wo diese Liebe, wo das Leben verletzt wird, wo wir die Bilder des Schreckens sehen, mitleidlose IS-Kämpfer oder Männer, die rücksichtslos Frauen misshandeln;

halten wir auch den Blick zu uns selbst aus, wo wir erkennen und drüber erschrecken, wie wir selbst die Liebe verletzen im Umgang mit anderen Menschen, damit z.B., wie wir über andere denken, über Andere reden;

wo wir darüber erschrecken, wie leicht sich der Blick für das Gute trübt, und das Böse, wenn es dem Guten dient, uns nicht mehr böse erscheint, wenn Kriege geführt werden, um das schlimmere Böse zu bekämpfen, wenn wir Waffen herstellen und damit Geld und Wohlstand verdienen, wohl wissend, dass sie Menschen töten werden.

Eure Liebe sei ohne Falsch. Hasst das Böse, hängt dem Guten an und überwindet das Böse mit Gutem.

Aber wie leicht ist das geschrieben, wie schwierig wird das, wenn es konkret wird, schon gegenüber dem nahen Nächsten, der mich verletzt hat oder angesichts der Gräuel die Menschen Anderen antun.

Wer aus der Liebe leben will, der wird zutiefst auch in das Leiden hineingezogen, und mit daran leiden, wie wir mit verstrickt sind in die Lieblosigkeit.

Wer aus der Liebe leben will,
der wird zutiefst auch in das Leiden
hineingezogen, und mit daran leiden,
wie wir mit verstrickt sind
in die Lieblosigkeit.

Gerade deshalb ist diese bleibende Hinwendung zu dem Kind in der Krippe, zu dem Mann am Kreuz, zu dieser Mitte unseres Glaubens so wichtig, gerade angesichts dieses Zwiespalts. Dort ist der Ort, wo einer uns mit dem guten Blick mitsamt diesem Zwiespalt in uns anschaut und uns an die größere Kraft erinnert, die durch Christus in unserer Welt wirksam ist.
Und nicht nur für mich als einzelnen Christen in meinem Glaubenskämmerlein ist er wirksam, sondern für uns als Gemeinschaft von Christen, von Glaubenden. Denn die Kraft dieser Liebe drängt in die Gemeinschaft, drängt zu anderen hin, so wie wir hier zusammen sind, so verschieden wir sind, verbunden in dieser Liebe. Was wäre eine Gemeinde ohne diese Gemeinschaft am Sonntagmorgen - auch wenn ich nicht jeden Sonntag anwesend bin.

Deshalb rät uns Paulus: Stärkt die Gemeinschaft ‚in brüderlicher' – wir sagen heute – 'in geschwisterlicher Liebe, indem ihr euch als Geschwister erkennt und anerkennt', und fügt ganz nüchtern hinzu, 'und begegnet einander mit Achtung und Respekt, mit Ehrerbietung, auch bei allen unterschiedlichen Wegen und Formen des Glaubens'.

Und mehr noch als die Achtung, sagt Paulus, ist es die Freude, ja die Begeisterung, das Engagement, in der diese Liebe ihren Ausdruck findet, und aus der eine Gemeinde lebt. So wie das in dieser Gemeinde hier spürbar und praktisch gelebt wird, wenn ich da an die vielen Gruppen und Aktivitäten in dieser Gemeinde denke. Dort wächst der Mut, sich diesem Leben mit seinen Zumutungen zu stellen und Schritte zu wagen, wie das Gute praktische Gestalt gewinnen kann.

Da wächst auch immer neu – so sagt Paulus - eine andere Umgangsform in

unserem Alltag mit all den Schwierigkeiten und schwierigen Menschen, mit denen wir unsere Mühe haben.
„Segnet, die euch fluchen, segnet und fluchet nicht“ wiederholt er. Das ist – ich möchte sagen – ein genialer Rat. Wenn ich diejenigen Menschen, mit denen ich meine Mühe habe, aus welchem Grund auch immer, ob in der Familie, am Arbeitsplatz, in der Schule, ja auch in einer Gemeinde – wenn ich diese Menschen segne. Über einem Menschen Gottes Segen zu sprechen, das verändert meine Beziehung zu ihr und zu ihm. Damit gewinne ich Abstand zu dem, was mich da so aufregt oder auch verletzt hat, wo er oder sie mir einfach fremd und anders ist, wenn ich mich mit ihr oder mit ihm unter den Bogen des Segens Gottes stellen

Und das gewinnt einen noch größeren und weltweiten Horizont, wenn wir an die Menschen denken, die so eindeutig und unübersehbar für uns das Böse zu verkörpern scheinen, die islamistischen Fanatiker, die skrupellosen Frauen missachtenden und missbrauchenden Männer, Politiker, die für den Erhalt ihrer Macht Menschen und Menschenrechte mit Füßen treten. Zu segnen statt zu fluchen, zu beten statt Krieg zu führen.
Es war ein beeindruckendes und berührendes Zeichen, als der Träger des Friedenspreises, Navid Kermani, ein Muslim, in der Paulskirche in Frankfurt im Oktober letzten Jahres, die Anwesenden zu einem Gebet für verfolgte Christen und für einen Sinneswandel der Gewalttäter aufruft mit den Worten „Ein Träger des Friedenspreises kann nicht zum Krieg aufrufen, aber zum Gebet“ – „seid beharrlich im Gebet“, sagt Paulus.

All unser Glaube
beginnt und endet im Gebet,
in dieser inneren Verbindung
zu der Quelle der Liebe
in unserem Herzen.

All unser Glaube beginnt und endet im Gebet, in dieser inneren Verbindung zu der Quelle der Liebe in unserem Herzen. Es ist dieses innere tastende Gespräch, das nach der Liebe fragt, wie sie denn hier und jetzt gelebt sein will. Dieses 'Reden des Herzens mit Gott', in dem ich mich darin einübe, mitten auf den Alltagswegen durch dieses Jahr, meine Wege und Begegnungen in diesem Licht zu sehen mit der Frage, wie diese Liebe, die da ausgegossen ist in meinem Herzen, lebendig werden will.

Und es kann sein, dass uns über den gefalteten Händen – oder wie immer wir dieses Gespräch führen - für Augenblicke solch eine Gewissheit überkommt, verbunden mit dem Glück: Ja, die Liebe Gottes ist ausgegossen in meinem Herzen durch seinen Geist. Daraus schöpfe ich Mut für meinen Weg. Gott schenke uns solche Augenblicke auf den Wegen durch dieses Jahr. Amen

Du unser Gott in Jesus Christus,

dank sei dir, dass dies wahr ist:
deine Liebe ist ausgegossen in unsere Herzen.
Ohne unser Zutun füllst Du uns mit der Kraft deiner Liebe.
Wir bitten dich,
vergib uns,
wo wir nachlässig oder halbherzig
dein Geschenk missachten.
Wecke neu das Feuer in uns,
mit ganzem Herzen zu lieben
aus der Fülle deiner Liebe.
Wir bitten dich
für die Menschen in unsere Nähe,
die alle Kraft für ihr Leben brauchen,
für die nächsten Schritte, den nächsten Tag,
dass sie spüren und erfahren,
dass sie in unserer Gemeinschaft
gehalten und getragen sind
verbunden in deiner Liebe.
Wir bitten dich
für die Christen in aller Welt,
dass wir Zeichen seien deiner Liebe
gegen alle Kräfte und Mächte
die ihr entgegen wirken.
Deiner Verheißung trauen wir,
dass, wer in der Liebe bleibt,
der bleibt in dir. Amen

Du unser Gott in Jesus Christus,

dir möchten wir heute singen
mit unseren Stimmen,
mit unserem Herzen
dankbar für alles,
was Du uns schenkst,
wie Du mit uns bist
in unserem Leben

dankbar auch,
dass wir bei Dir willkommen sind,
auch wenn uns nicht
nach Singen zumute ist,
wenn die Stimme
nicht so besonders klingt,
wenn schwere Gedanken
uns belasten.

Wir bitten Dich
Lass unsere Seele ihr Lied finden,
dir zu singen
mit der Musik unseres Herzens,
den hellen und dunklen Tönen,
und das Echo hören,
das uns aus dir entgegenklingt
in tausend Stimmen.
Amen

Der Klang der Verbundenheit

Kolosser 3, 12-14
Sonntag Kantate

Liebe Gemeinde,

Manche von ihnen werden den Film kennen "wie im Himmel", ein Dirigent zieht sich nach einem Herzinfarkt in sein Heimatdorf in Schweden zurück, und übernimmt dort die Leitung des Kirchenchores, mit dem er sich schließlich zu einem Chorwettbewerb anmeldet. Während der Dirigent auf dem Weg zur Bühne erneut einen Herzanfall erleidet, steht der Chor auf der Bühne und, nachdem der Dirigent nicht erscheint, beginnt einer der Chorsänger, es ist der geistig behinderte Tore, einen Ton anzustimmen, der vom Chor und schlussendlich von ganzen Saal übernommen wird und sich zu einem mächtigen Klang aufbaut. Manche werden sich noch an die fast körperlich zu spürende Intensität dieser Szene eines großen gemeinsamen Klanges erinnern.

Kantate, ein großer Klang,
der uns miteinander verbindet,
in den wir einstimmen,
uns mitnehmen,
mittragen lassen,

Diese Szene kam mir in den Sinn beim Gedanken an den heutigen Sonntag Kantate, ein großer Klang, der uns miteinander verbindet, in den wir einstimmen, uns mitnehmen, mittragen lassen, so wie das manchmal auch hier im Gottesdienst geschieht, wenn wir gemeinsam singen. Dann, wenn die Melodie uns mitnimmt, sei es dass sie uns seit langem vertraut ist, sei es dass sie uns vom Text her besonders anspricht, und wir im Singen dieses Miteinander erleben, eine Ahnung einer Verbundenheit, die mit Worten gar nicht so recht zu fassen ist.

Und Vieles, was uns sonst gerade beschäftigt, oder auch belastet, tritt dabei – und sei es nur für die Zeit eines Liedes - in den Hintergrund. Und auch die Verschiedenheit zwischen uns, manche Fremdheit, oder was uns sonst aneinander stören mag, werden weniger wichtig. Im Singen werden wir ein bisschen gleicher. Ein fröhlich gesungenes Lied drängt fast dazu, einander mit einem Lächeln zuzunicken. Klar, die eine hat eine noch junge klingende Stimme, bei uns Älteren sind die Stimmbänder nicht mehr so elastisch. Der eine hat eine geübte Stimme, die andere hat kein so sicheres Gehör – aber auch diese Unterschiede treten eher zurück.
Das Singen öffnet uns für das Verbindende, den Klang der Verbundenheit, der uns an die tiefere Verbundenheit erinnert, die uns heute Morgen zusammengeführt hat, die uns als Gemeinde verbindet, als Christen, als Alte und Junge, Männer und Frauen, als Christen weltweit. Es ist die Verbundenheit in dem, der uns verbindet, in Christus, so unterschiedlich dann auch wieder dieser Glaube in jedem Einzelnen und jeder einzelnen klingen mag.
Diese Verbundenheit ist es, die auch durch das heutige Predigtwort klingt, ein Abschnitt aus einem Brief an die Christen in Kolossae:

12 Geschwister, ihr seid von Gott erwählt, ihr gehört zu seinem heiligen Volk, ihr seid von Gott geliebt. Darum kleidet euch nun in tiefes Mitgefühl, in Freundlichkeit, Bescheidenheit, Rücksichtnahme und Geduld.
13 Geht nachsichtig miteinander um und vergebt einander, wenn einer dem anderen etwas vorzuwerfen hat. Genauso, wie der Herr euch vergeben hat, sollt auch ihr einander vergeben.
14 Vor allem aber bekleidet euch mit der Liebe; sie ist das Band, das euch zu einer vollkommenen Einheit zusammenschließt.
15 Der Frieden, der von Christus kommt, regiere euer Herz und alles, was ihr tut! Als Glieder eines Leibes seid ihr dazu berufen, miteinander in diesem Frieden zu leben. Und seid voll Dankbarkeit ´gegenüber Gott`!
16 Lasst die Botschaft von Christus bei euch ihren ganzen Reichtum entfalten. Unterrichtet einander ´in der Lehre Christi` und zeigt einander den rechten Weg; tut es mit der ganzen Weisheit, ´die Gott euch gegeben hat`. Singt Psalmen, Lobgesänge und von Gottes Geist eingegebene Lieder; singt sie dankbar und aus tiefstem Herzen zur Ehre Gottes.
17 Alles, was ihr sagt, und alles, was ihr tut, soll im Namen von Jesus, dem Herrn, geschehen, und dankt dabei Gott, dem Vater, durch ihn. (Kolosser 3, 12-17, NGÜ)

Diese Worte aus dem Kolosserbrief werden gerne bei Trauungen verlesen, wo diese Verbundenheit in der Liebe einen etwas romantischen Klang hat und leicht über die Lippen gehen. Aber sie sind ursprünglich an eine Gemeinde gerichtet, die sich heftig auseinandersetzte mit unterschiedlichen Richtungen des Glaubens und Lebens – 'ist nun der Sabbat oder der Sonntag der eigentliche Feiertag? Kann man sich ganz von den alten jüdischen Glaubensordnungen lösen und Fleisch kaufen, das nicht koscher ist? Soll man nun Schweinefleisch essen oder nicht, d.h. den jüdischen Vorschriften weiterfolgen oder nicht?'

Diese tiefe Verbundenheit
entsteht gerade nicht
durch unsere Anstrengung,
sondern wir sind als Gemeinde
hinein 'verbunden'
in die Liebe Gottes

Da weist der Scheiber, anstatt sich an einzelnen Gebote und Verboten aufzuhalten, auf diese Verbundenheit hin, die gerade nicht durch unsere Anstrengung und Mühe oder durch moralische Appelle entsteht, sondern in die wir als Gemeinde hineingenommen, hinein 'verbunden' sind – von Gott erwählt, geliebt. Die Liebe, in die wir uns kleiden sollen – so das Bild des Briefschreibers -, ist uns geschenkt, damit wir sie anziehen wie ein festliches Gewand, um auszuprobieren, wie es sich trägt, wie es sich anfühlt, so von Liebe umhüllt zu sein. Der Friede, der in unseren Herzen Raum gewinnen, wohnen will, entsteht nicht erst durch unser Machen und Schaffen, sondern er kommt uns in Christus entgegen.

Wie immer wir die Bilder wählen – das gilt es sich immer neu bewusst zu machen – wir schöpfen, wir dürfen schöpfen aus einer Liebe, die uns schon immer umgibt, aus einem Frieden, der uns in Christus entgegen kommt.

Das gilt es wahr sein zu lassen
als einen tiefen Klang,
der in uns aufsteigen kann
als ein Glück,
in Christus geborgen,
gehalten zu sein.

Das gilt es wahr sein zu lassen – und nun im Bild dieses Sonntags – als ein tiefer Klang, der nicht verklingt, der bleibend in uns klingen will. Der nicht aufhört, wenn wir ihn nicht mehr hören, wenn uns nicht nach Singen zu Mute ist. Der kann in uns aufsteigen als diese tiefe Gewissheit, ja als ein Glück, in Christus geborgen, gehalten zu sein.

Das ist der Klang, aus dem uns die Kraft und der Mut zuwachsen, einander in unserer Unterschiedlichkeit anzunehmen, mit einem Lächeln das vielleicht seltsame Verhalten an Anderen zu sehen und auch zu übersehen. Da wachsen der Mut und die Bereitschaft, es ernst zu nehmen, wo ein Anderer, eine Andere mir sagt, was ihm, was ihr Mühe macht mit mir. Und auch selbst zu sagen, wo ich es mit dem Anderen schwer habe. Da wächst der Mut, zu vergeben, wo wir verletzt wurden und um Vergebung zu bitten, wo wir selbst verletzt haben, wo ein Groll sich als Bodensatz im Herzen festgesetzt hat.

Und das hat eine größere Dimension. Es ist die Verbundenheit, die Gemeinschaft unter uns Christen, in der die Kraft wachsen kann, mit wachem Blick die Misstöne, die Spannungen und die Zerrissenheit in unserer Welt zu sehen und zu hören und dennoch an der Zusammengehörigkeit festzuhalten, verbunden in dem Grundton des Lebens, den Gott in diese Welt gebracht hat, mit dem er alles Lebendige füllt.

Diesen Ton zu entdecken, auch die in unseren Ohren schrägen Töne anderer Sprachen, anderer Kulturen, anderer Lebensgewohnheiten und zugleich ein waches Gespür dafür zu bewahren, wo der Ton nicht nur schräg, sondern destruktiv wird. Wo er Leben hindert und zerstört, wo Menschen das Recht,

auf ihre Weise zu singen, ja das Leben selbst abgesprochen wird. Da gilt es hinzu hören und 'Nein' zu sagen, wo z.B. Christen, unseren Geschwistern, das Recht verweigert wird, ihren Glauben zu leben.
Das Lauschen auf diesen Ton, auf den Klang, der uns aus den Worten unseres Glaubens, dem Wort Christi entgegen kommt, schafft den Abstand zu dem, was oft so gnadenlos an uns herandrängt, wo wir so leicht die Orientierung verlieren. Da hilft uns dieser Klang im Herzen und im Ohr, genauer hinzuhören und hinzuschauen, eine eigene Haltung zu finden. Da verstricken wir uns weniger rasch in das rechthaberische Beharren, können auch einmal schweigen oder dann auch mutig das Wort ergreifen und Stellung beziehen.

> Dieser Klang im Herzen,
> die Verbundenheit in Christus
> schafft Unabhängigkeit,
> ja Freiheit.

Dieser Klang im Herzen, die Verbundenheit schafft Unabhängigkeit, ja Freiheit. Deshalb meint der Briefschreiber, sei es gut, das Wort Christi mit seinem vielfältigen Klang, das Evangelium, die frohe Botschaft, die uns zugesprochene Liebe reichlich unter uns da sein zu lassen, sie unter uns wohnen zu lassen, zwischen uns hörbar werden zu lassen als gegenseitige Ermutigung, Wertschätzung und Bestärkung.

Das lässt sich üben. Nicht zuletzt gerade durch das Singen. Manche Menschen tragen Lieder in sich, mit denen sie aufwachen und schon morgens ein Lied auf den Lippen haben. Andere brauchen da einen Anstoß, wieder andere hören lieber zu, als dass sie selbst singen - wie auch immer, jeder und jede wird seine Weise finden, diesen Klang der Verbundenheit in seinem Herzen zu entdecken und selbst zum Klangkörper, zum Instrument dieses Klanges zu werden. Es ist die Gemeinschaft, in der dieser Klangkörper erst richtig zum Klingen kommt.

Wir als Gemeinschaft, als Gemeinde können einen Klang in die Welt tönen lassen, der gehört wird, der anlockt, der Ton der Ermutigung, der Hoffnung, des Friedens.
Eingeübt und erprobt wird er in unseren Orten der Gemeinschaft, angefangen von den Kindergärten – was Kinder dort zu hören und selbst singen lernen - bis zum Seniorenkreis, wie wir uns in unserem Älterwerden tragen. Er wird eingeübt und bestärkt in der Mitte unserer Gemeinschaft, wenn wir uns um den Altar, um den Tisch Jesu versammeln, und ihn von da hinaustragen bis

in die Begegnung mit Flüchtlingen, in die praktische gelebte Gemeinschaft von Haus zu Haus in der Nachbarschaft.
Der Sonntag Kantate bringt dies in Erinnerung, unseren Glauben als einen Klang, einen wohl tönenden Klang in uns zu spüren und zu hören und selbst zum Klingen zu bringen. Was im Herzen klingt, verwandelt einen Menschen und bringt dies auch in anderen zum Klingen.
Amen

Du unser Gott, Jesus Christus,

so singen wir dir
dankbar und voll Zuversicht
dass du uns nahe bist,
aufgehoben und verbunden
in dem Klang,
der von dir ausgeht,
und unaufhörlich und nichtendend
die Schöpfung durchströmt.

Lob sei dir
der du uns miteinander verbindest
im Lied unseres Glaubens,
und wir miteinander Mut fassen
für uns und für unsere Welt.

Lob sei dir,
dass dein Lied des Friedens nicht verstummt
und du uns Hoffnung schenkst auf deinen Sieg,
den Sieg der Liebe über alle Trennung,
den Sieg der Hoffnung über alle Ängste und Schrecken
den Sieg des Friedens über Krieg und Zerstörung.

Wir bitten dich
für alle, die es aufgegeben haben zu rufen und zu singen,
dass sie wieder Mut fassen
und ihr Herz öffnen für das Lied der Hoffnung
Wir bitten dich
für alle, die ihr Lied singen mit dankbarem Herzen,
dass sie andere damit anstecken können
und wir gemeinsam den Klang der Hoffnung in unserer
Welt stärken.

Lob sei dir,
dem Allerhöchsten,
Lob sei dir, Christus
Lob sei dir, dem Heiligen Geist.
Amen

Du unser Gott in Jesus Christus,

zu dir kommen wir,
suchen deine Nähe,
hoffen auf dein Wort,
in dem wir Orientierung finden,
Richtung und Ziel
für unsere Wege,
dort, wo wir mutig voran gehen
voll Vertrauen in dein Begleiten,
und auch dort,
wo wir unsicher sind,
in Sackgassen geraten,
uns in Schuld verstricken.

Gott,
in dir findet unser Fragen
seine Antwort,
in dir findet unser Herz
seine Zuflucht.
Dafür danken wir dir.
Amen

Was uns frei macht

1. Timotheus 1, 12-17

Liebe Gemeinde,
unser Predigtwort heute ist ein Abschnitt aus dem ersten Brief des Paulus an seinen Schüler Timotheus:

12 Ich danke unserm Herrn Christus Jesus, der mich stark gemacht und für
treu erachtet hat und in das Amt eingesetzt,
13 mich, der ich früher ein Lästerer und ein Verfolger und ein Frevler war;
aber mir ist Barmherzigkeit widerfahren, denn ich habe es unwissend getan,
im Unglauben.
14 Es ist aber desto reicher geworden die Gnade unseres Herrn samt dem
Glauben und der Liebe, die in Christus Jesus ist.

15 Das ist gewisslich wahr und ein Wort, des Glaubens wert, dass Christus
Jesus in die Welt gekommen ist, die Sünder selig zu machen, unter denen ich
der erste bin.
16 Aber darum ist mir Barmherzigkeit widerfahren, dass Christus Jesus an
mir als Erstem alle Geduld erweise, zum Vorbild denen, die an ihn glauben
sollten zum ewigen Leben.
17 Aber Gott, dem ewigen König, dem Unvergänglichen und Unsichtbaren,
der allein Gott ist, sei Ehre und Preis in Ewigkeit! Amen. (1. Tim 1, 12-17, Luther 2017)

Liebe Gemeinde,
was sich so glatt liest und vielleicht auch mit der vertrauten biblischen Sprache leicht in die Ohren geht, das bringt – fast wie zwischen den Zeilen - Dinge zur Sprache, die zusammenzucken lassen. Ohne Schnörkel und Beschönigung nennt Paulus seine problematische Vorgeschichte als Christenverfolger. Man muss sich das klarmachen, gerade weil wir diese Vorgeschichte kennen und die Wandlung vom Saulus zum Paulus schon sprichwörtlich abgegriffen ist, dass es dabei um das Eingeständnis geht, an einer dunklen Verfolgungsgeschichte bis hin zu religiös motivierten Mord beteiligt gewesen zu sein. Da fallen Steine auf den Christusanhänger Stephanus und Paulus steht dabei - und das mit der tiefen Überzeugung, das Richtige zu tun.

Zu dieser dunklen Geschichte bekennt sich Paulus mit diesen Sätzen öffentlich in diesem Brief. Er benennt, wo er sich schuldig fühlt, auch wo er unwissend gehandelt hat, sozusagen im besten Glauben und aus Überzeugung.

Zu dieser dunklen Geschichte
bekennt sich Paulus
öffentlich in diesem Brief.

Dazu gehört Mut. Man mag für einen Augenblick daran denken, wie schwer es uns fällt, solche Fehler einzugestehen, wo wir mit einer Meinung, einer Überzeugung falsch gelegen haben.
Der Streit um Erinnerungen in der Familie sind ein harmloses Beispiel: Ich bin felsenfest überzeugt, der Italienurlaub war 2005 gewesen und dann war es doch 2006 gewesen. Schwieriger schon, wenn es andere Menschen betrifft, wenn ich völlig überzeugt bin, dass der junge Motorradfahrer den Unfall, von dem ich höre, verursacht habe, "zu schnell gefahren, klar" Und dann war es der Andere, der ihm die Vorfahrt genommen hat. Oder anders auch: Da scheint klar, dass an der Scheidung des jungen Paares die Frau schuld ist, und das wird dann in Gesprächen mit Anderen darüber weitergetragen. Und

dann stellt sich heraus, dass es der Mann war, der sich wegen einer anderen Frau getrennt hat. Vielleicht erschrecken wir darüber, wie leicht wir der jungen Frau mit unserem Vorurteil Unrecht getan habe. Für einen kurzen Augenblick mag der Gedanke aufkommen, wir müssten uns eigentlich entschuldigen, Abbitte leisten. Meist bleibt nur ein ungutes Gefühl zurück.

Oder nun auch mit einem Blick in den weiteren Horizont gesellschaftlicher, politischer Zusammenhänge:
Wie schwer war das für die Menschen damals nach dem Ende des Dritten Reiches, und näher in unserer Geschichte nach dem Ende der DDR zu erkennen, dass das, wofür sie standen, plötzlich falsch, ja Unrecht sein sollte. Wieviel schwerer, sich einzugestehen, selbst Teil dieses Unrechts gewesen zu sein, nicht absichtlich, unwissend, aber eben Teil des Unrechts.

Wie schwer war es für die Menschen nach dem Ende des 3. Reiches zu erkennen, dass das, wofür sie standen, plötzlich falsch sein sollte.

Als die Evangelische Kirche in Deutschland 1965 in ihrer Ost- Denkschrift die Vertreibung Deutscher aus den Ostgebieten zwar eindeutig als Unrecht kennzeichnete, das Leid der Vertriebenen würdigte, aber darüber hinaus die Vertreibungen in Beziehung setzte zur Mitschuld des deutschen Volkes an diesem furchtbaren Krieg mit all seinen Folgen, da haben diese Sätze Proteste ausgelöst, nicht anders als das Stuttgarter Schuldbekenntnis, das die Bischöfe der evangelischen Kirchen nach 1945 formulierten.

Solche Zusammenhänge kommen für mich in den Blick, wenn ich diese Zeilen des Paulus lese. Überraschend, wie sich in seiner Biographie Erfahrungen spiegeln, die auch zu unserem persönlichen Leben gehören bis hin zu kollektiven gesellschaftlichen Prozessen. Und mehr noch, wie sein Umgang mit der Einsicht in seine Schuld zur Orientierung und zur Hilfe werden können, mit solchen tiefgreifenden und erschütternden Umbrüchen zurecht zu kommen, das Erschrecken und die Verunsicherung zu ertragen, die damit verbunden sein können.

Die Frage ist, wie kommt Paulus dazu, so offen zu seiner Einsicht, zu seiner Schuld zu stehen, den Irrweg zu erkennen und sich für die neue Erkenntnis zu öffnen? Mit einem kurzen Satz formuliert Paulus: *'Mir ist Barmherzigkeit widerfahren'.* Inmitten der Erschütterung erfährt er nicht nur das Erschrecken

– dort vor Damaskus - sondern eine zugewandte, ja barmherzig entgegen gestreckte Hand, eine Stimme, die ihn nicht verurteilt, sondern umgekehrt, aufrichtet, stärkt, und auf einen neuen Weg schickt. Mit anderen Worten: Im Rückblick sieht Paulus dieses Erleben, seinen Irrweg und die Umkehr nicht als einen dunklen Punkt in seiner Lebensgeschichte, über den man am besten nicht spricht, sondern er erkennt darin die Hand, die führte. Und er sieht diesen Wendepunkt in seinem Leben als ein unverdientes Geschenk, als Gnade, über die er nur staunen kann. Dankbarkeit ist fas Wort. Er ist zutiefst dankbar dafür, dass ihm die Augen geöffnet wurden dort vor Damaskus, als ihm Christus begegnet ist. Er ist zutiefst dankbar, dass er nicht nur nicht verurteilt wurde, sondern dass gerade er zum Botschafter, zum Apostel berufen wurde. Da öffnet sich vor ihm ein weiter Raum von einer ungeahnten Freiheit, deren Spuren bis zu uns führen.

Er ist zutiefst dankbar dafür,
dass ihm die Augen geöffnet wurden
dort vor Damaskus,
als ihm Christus begegnet ist.

Das ist es, worin er uns Vorbild sein kann, und auch uns damit die Augen für die Freiheit öffnet, die uns in unserem Glauben – in Christus - geschenkt ist. Von dieser Mitte her, in der Verbundenheit mit ihm können wir uns auf dieses Leben einlassen mit seinen geraden und krummen Wegen, mit seinen glückhaften Wegen und den Sackgassen. Und das heißt schlicht auch, mich ändern zu können, mich nicht festklammern zu müssen an meinen Überzeugungen und meinen Vorstellungen, Holzwege und Fehlentscheidungen einzugestehen. Denn der letzte Grund meines Lebens ist eben nicht in meinen Überzeugungen – seien sie nun richtig oder falsch -, in meinem Bild der Welt gegeben, sondern in Christus.

Das, so sagt Paulus, ist für ihn wie ein 'Amen', 'gewisslich wahr', und – wie es in der alten Luthersprache lautet - 'ein teuerwertes Wort', dass uns in Jesus Christus diese Freiheit eröffnet ist, aus allen Umwegen, unwissend verfolgten Irrwegen und Irrglauben, immer wieder den Weg zu ihm zu finden. In dieser Verbindung erwächst der Mut, Wege und Vorstellungen und Einstellungen zu korrigieren, auch wenn dies oft schmerzlich ist, wenn das offene Eingeständnis mich vor Anderen beschämt dastehen lässt, mich verunsichert, oder auch mein Stolz verletzt ist, dass ich danebengelegen habe, ich, der ich sonst alles richtig mache.

Ein persönliches Beispiel: Über viele Jahre und trotz interessanter und beglückender Begegnung mit anderen Christen gerade auch im Ausland habe ich die Verfolgung von Christen in anderen Ländern, nicht gesehen, sie nicht wirklich ernstgenommen. In den letzten Jahren hat sich diese Erkenntnis jedoch immer mehr durchgesetzt, wurden mir sozusagen die Augen für dieses Versagen geöffnet. Und ich sehe es inzwischen als ein Versäumnis an, um nicht zu sagen auch als meine Schuld, zu wenig getan zu haben und auch heute zu wenig zu tun, die Geschwister im Glauben zu unterstützen. Und ich sehe es auch als Versagen unserer Kirchenleitungen an, diese Geschwister zu wenig beachtet zu haben. Und ich kann es verstehen, dass ein Bischof der koptischen Kirche aus Ägypten in einem Fernsehbericht vor einigen Tagen uns Christen in Europa vorwirft, sie im Stich zu lassen.

Immer wieder wird es solche Erkenntnisse geben, das Erschrecken über Versäumnisse, über Irrwege, über blinde Flecken. Und vielleicht sind wir in unserer Zeit im Besonderen herausgefordert, immer neu unsere Einstellungen, unseren Glauben zu überprüfen. Nicht einfach deshalb, weil die sich verändernden Situationen dies von uns fordern, sondern weil wir von unserem Glauben herausgefordert werden, diesen Glauben in den sich ändernden Zeiten zu bewähren.
Lange Zeit waren für bestimmte christliche Kreise, die ihren Glauben sehr ernst nahmen, psychische Erkrankungen, insbesondere Depressionen, ein Zeichen mangelnden Glaubens. "Wer betet, schläft nachts gut, wer glaubt wird nicht depressiv" – so ein wichtiger Mann in unserer Kirche in den 80er Jahren in einem Radiobeitrag. Wie entmutigend und schrecklich für viele gläubige Christen, die unter Depressionen litten. Bis sich durchgesetzt hat, dass dies eine Erkrankung ist, die behandelt werden kann und muss.
Für viele Menschen ist es schwer zu denken, dass auch schwule und lesbisch veranlagte Menschen nicht einfach krank oder irregeleitet sind, sondern dass auch sie in ihrer Prägung zu den Geschöpfen Gottes gehören. Wie viel Mut braucht es für Eltern zu ihrem schwulen Sohn oder ihrer lesbischen Tochter zu stehen, wie viel Mut für eine Kirchengemeinde, einen schwulen Pfarrer zu wählen.

Für viele Menschen ist es schwer zu denken, dass auch schwule und lesbisch veranlagte Menschen nicht einfach krank oder irregeleitet sind.

Wie viele neue Erkenntnisse und Einstellungen werden wir lernen müssen mit den Menschen aus anderen Kulturen, die mit dem Flüchtlingsstrom zu uns herein kommen und in Zukunft mit uns leben werden!

Aber nicht die Aufforderung, uns für die Menschen zu öffnen, nicht der Appell an unsere Mitmenschlichkeit wird uns dazu befähigen, uns auf neue Einsichten einzulassen, sondern unser Glaube, die Verbundenheit mit Christus. Er ruft uns in die Freiheit, ihm zu vertrauen, dass da ein Weg ist und eine Zukunft, auch wenn wir noch manchen Irrweg und Holzweg gehen werden und manche Umkehr, manche Bekehrung erleben werden.

Darin ist Paulus Vorbild – und so versteht er auch sich selbst – nicht in dem, was er Großes leistet, sondern in seinem Vertrauen in Christus, dass es nichts gibt, keinen Irrweg, keine Schuld, keine Beschämung, die uns von ihm trennen, die uns aus dem Raum der Gnade fallen lässt.

Und mitten drin gibt es immer wieder die Augenblicke, wo wir wie Paulus staunend, dankbar, manchmal überwältigt erkennen, wie wir von Gottes Barmherzigkeit umschlossen sind, und es glücklich aus unserem Herzen aufsteigt: Ich danke dir, Gott – unfassbar ist deine Liebe. Oder mit den alten Worten des Paulus:
Gott, dem ewigen König, dem Unvergänglichen und Unsichtbaren, der allein Gott ist, sei Ehre und Preis in Ewigkeit! Amen.

Du unser Gott in Jesus Christus,

dafür danken wir dir,
dass du dich uns
in Jesus Christus zeigst
als der Gott,
von dessen Erbarmen wir umfangen sind.
Noch im Dunkel unseres Weges
ist es deine Hand,
die uns führt und hält.
Von unseren Irrwegen
holst du uns zurück
und in dem, was wir nicht verstehen,
verbirgst du dein Ja zu uns.
Bewahre uns
in unserem Vertrauen zu dir.
Amen

Du unser Gott,
schenke uns dein Wort,
so dass wir darin
den Wohlgeruch
des Evangeliums ahnen
und nicht nur mit dem Kopf,
sondern mit unseren Sinnen
aufnehmen.
Amen

Der Mut der Liebe

Matthäus 26, 6-13

Liebe Gemeinde,

eine kleine Flasche – Rosenöl – es duftet… würden wir eine solche Flasche ausgießen oder versprühen, unser Kirchenraum könnte mit dem Duft gefüllt werden: Wir kennen das von Duftlampen, oder stellen Sie sich einen Wohlgeruch vor, den Sie gerne mögen, und Sie sind eingestimmt auf die Szene, von der das Predigtwort heute erzählt.
Denn ein solcher betäubender Wohlgeruch durchströmt den Raum, steigt in die Nase der Leute, die da versammelt sind, als das Folgende passiert –

6 *Als nun Jesus in Bethanien war im Hause Simons des Aussätzigen,*
7 trat zu ihm eine Frau, die hatte ein Glas mit kostbarem Salböl und goss es auf sein Haupt, als er zu Tisch saß.
8 Da das die Jünger sahen, wurden sie unwillig und sprachen: Wozu diese Vergeudung?
9 Es hätte teuer verkauft und das Geld den Armen gegeben werden können.
10 Als Jesus das merkte, sprach er zu ihnen: Was bekümmert ihr die Frau? Sie hat ein gutes Werk an mir getan.
11 Denn ihr habt allezeit Arme bei euch, mich aber habt ihr nicht allezeit.
12 Dass sie dies Öl auf meinen Leib gegossen hat, hat sie getan, dass sie mich für mein Begräbnis bereite.
13 Wahrlich, ich sage euch: Wo dies Evangelium gepredigt wird in der ganzen Welt, da wird man auch sagen zu ihrem Gedächtnis, was sie getan hat.
(Matthäus 26, 6-13, Luther 2017)

Der Duft ist noch immer im Raum, und die Frau steht da mit ihrer leeren Flasche und die Männer blicken sich mit Stirnrunzeln an, mit ihren wiederstreitenden Gefühlen zwischen ‚ah', ‚wie schön' und ‚o nein, wie unmöglich, unverschämt', diese Frau mit ihrer Aktion, mitten in der Männerrunde. Ein Bruch, ein Verstoß gegen die gesellschaftliche Ordnung. Geradezu sittenwidrig für damalige Vorstellungen.

Vielleicht hätten Frauen anders reagiert, verständnisvoller, vielleicht aber auch kühl und abwehrend wie die Jünger, die diese intime Annäherung, dieses Zeichen einer verschwenderischen, völlig unangemessenen, ja anrüchig peinlichen Zuneigung nicht gut ertragen. Deshalb reagieren sie rational vernünftig – Männer eben - und rechnen, was das gekostet haben könnte, und was man damit Gutes hätte tun können: ‚So ein Unsinn, jeder Tropfen kostet den Wochenverdienst eines Arbeiters. Und wie viele Fischsuppen hätte man für die Armen kochen können und wie viele Witwen unterstützen können.'

Und haben sie nicht Recht? War und ist die Botschaft Jesu nicht die der Nächstenliebe gerade den Armen gegenüber, ‚die Option für die Armen', wie das heute heißt. Die ganze Diskussion um den Bischof von Limburg könnte man hier einflechten. Luxus und Pomp in der Kirche, die wir so gerne kritisieren! Ich denke, wir könnten uns da rasch mit einklinken in die Diskussion der Jünger.

Aber zurück zur Geschichte. Es gibt da auch eine andere Seite, die dieser namenlosen Frau. Und wenn wir für einen Augenblick in ihre Schuhe schlüpfen, so fühlt sich das anders an. Da treffen diese so vernünftigen Argumente wie scharfe Messer in ihre liebevoll gemeinte Geste, in den Mut, sich mitten in die Männerrunde zu begeben und so öffentlich ihre Zuneigung zu diesem Jesus zu zeigen – was immer sie mit ihm verbunden haben mag. Matthäus sagt es uns nicht.
Bei Lukas ist es eine Frau, die Jesus von Dämonen befreit hat. Das würde die Tat verständlicher machen, akzeptabler, nicht so anrüchig.
Sie selbst sagt in der ganzen Szene nichts, kein Wort. Aber gerade so wird umso deutlicher: *‚Es ist, was es ist, sagt die Liebe'* – schlicht Liebe, wie Erich Fried das in einem Gedicht formuliert. "*Es ist Unsinn sagt die Vernunft. Es ist was es ist sagt die Liebe. Es ist unmöglich, leichtsinnig, lächerlich – es ist, was es ist, sagt die Liebe".*

Und Jesus lässt es geschehen, ihm – so scheint es – ist es nicht peinlich, er scheint zu verstehen, stellt sich vor die Frau – und sagt – das duftende Öl im Haar: Warum macht ihr die Frau fertig, betrübt sie, sie hat ein '*kalon ergon*' *(gr.)* – etwas Schönes, ein gutes Werk an mir getan.

Und dann wird deutlich, wie ihn diese zärtliche Geste berührt, auf welchem Hintergrund er sie versteht, und welchen tieferen Sinn er darin erkennt: Es ist für ihn die Hand, die ihn mit ihrer Liebe auf den Weg vorbereitet, der vor ihm liegt, die ihn mit ihrem Salböl und dem Duft für diesen Weg stärkt – wie eine Seelenschutzschicht gegen das, was kommt Am Ende werden es dann wirklich Frauenhände sein, die den letzten Liebesdienst tun werden. Jene Frauen, die zum Grab eilen, um den Toten mit wohlriechenden Ölen zu salben.

Es ist die Hand, die ihn mit ihrer Liebe auf den Weg vorbereitet, der vor ihm liegt, die ihn mit ihrem Salböl und dem Duft für diesen Weg stärkt.

Und damit wir verstehen, wie todernst die Situation ist, malt Matthäus diesen Hintergrund so dunkel und schroff, dass einem der Atem stockt:
„Ihr wisst“ sagt Jesus zuvor auf dem Weg zu den Jüngern, *„dass in zwei Tagen Passa ist; und der Menschensohn wird überantwortet werden, dass er gekreuzigt werde.“*
‚Und‘, fügt Matthäus hinzu *‚da versammelten sich die Hohenpriester und die Ältesten des Volkes im Palast des Hohepriesters, der hieß Kaiphas, und hielten Rat, wie sie Jesus mit List ergreifen und töten könnten.‘ (Matthäus 26, 1-5)*

Das ist der Hintergrund, der Todeschatten, der über dieser Liebesgeschichte droht, kein leichtfüßiges lustvolles Liebesspiel, sondern das Zeichen einer Liebe, die sich an die Grenze wagt, bis an den Tod.
Und wie nahe und konkret das ist, wird daran deutlich dass unmittelbar danach, im Anschluss an diese Begegnung Judas losmarschiert zu den Hohepriestern: *„Was wollt ihr mir geben, ich will ihn Euch verraten“.(Matthäus 26, 14-16)*

Inmitten der Todesschatten, wo die Angst und der Hass umgehen, wo Menschen getötet, gefoltert, gemordet werden, die Soldatenstiefel den Ton angeben und der Geruch des Todes durch die Weltgeschichte bis in unsere Wohnzimmer dringt – da leuchtet in dieser Szene ein anderes Bild auf, strömt aus dieser Szene ein anderer Duft, ein Wohlgeruch, halten Hände zärtlich einen Kopf, eine Hand, ohne Berechnung, verschwenderisch frei – '*es ist was es ist – es ist Liebe*'.

Was für Gegensätze, was für ein Widerspruch!
Aber es ist genau der Widerspruch, der mit Jesus in diese Welt einbricht, der Widerspruch der Liebe gegen den Tod, gegen die tödlichen Kräfte, gegen die Mordkomplotte und Todesmaschinen, die Menschen planen und sich ausdenken. Dieser atemraubende Mut dieser Frau, besser der Mut der Liebe, von der die Frau erfüllt ist, sich in die Nesseln zu setzen, zwischen die Fronten, sich der Gewalt auszusetzen.

Es ist der Mut der Liebe, mit der Jesus seinen Weg ans Kreuz geht im tiefsten und äußersten Vertrauen, dass diese Liebe trägt

Es ist der Mut der Liebe, der Jesus erfüllt auf seinem Weg ans Kreuz mit dem tiefsten und äußersten Vertrauen, dass diese Liebe trägt, dass sie ihn trägt, dass Gott, der Ursprung und Grund dieser Liebe, ihn in seiner Liebe birgt.

Darin gründet unser Glaube, dass Gott in Christus die Todesmächte überwindet nicht durch Gewalt, nicht durch die Macht des Stärkeren, sondern durch die Kraft der Liebe. Eine Liebe, die mit Herzklopfen und doch unbekümmert ihren Duft verströmt, Hände ausstreckt und dem Bösen das Gute, das Schöne entgegenhält, Böses mit Gutem vergilt.
Es ist diese Liebe, die sich nicht beeindrucken lässt davon, sie könnte peinlich sein. Es ist diese Liebe, die sich nicht abschrecken lässt von der Macht und ihrer Gewalt, die sich nicht einschüchtern lässt von der Angst, was könnte passieren, was werden die Leute sagen, ist es vernünftig - sondern dieser ihrer innersten Kraft traut.
'Gott ist die Liebe', bringt der Schreiber des Johannesbriefes dies auf den Punkt. Spürbar und mit allen Sinnen erfahrbar wird sie in der Geste dieser namenlosen Frau.

Nicht so, - und das gilt es festzuhalten – nicht so, dass sie verhindern könnte, was kommt, dass alles nun gut wird, und die Gewalt nun ein Ende hätte, sondern so, dass diese Liebe, das Vertrauen in Gottes größere Macht dieser gewaltsüchtigen Welt standhält.

Es ist die Liebe, die das vermag, bis dort unter dem Kreuz, wo es die Frauen sind, sie standhalten, aushalten. Eines der tiefsten Bilder für mich ist die Pieta, Maria, die ihren toten Sohn in Armen hält. In Manzell in der Kirche hängt ein Bild von einem ukrainischen Zwangsarbeiter gemalt, das dort im Lager – nur wenige 100 Meter von hier entfernt - in den Gottesdiensten an der Wand hing, ein Trostbild der Liebe an einem sonst sehr lieblosen Ort.

Diese Bedeutung und diese Kraft erkennt Jesus in der Frau, die ihn mit kostbarer Liebe übergießt. Und er würdigt nicht nur ihr Handeln, ihre Tat, sondern setzt ihr ein Denkmal, verbindet ihre Tat mit dem Evangelium, mit seiner Botschaft: '*Wahrlich, ich sage euch: Wo dies Evangelium gepredigt wird in der ganzen Welt, da wird man auch sagen zu ihrem Gedächtnis, was sie getan hat'.*
Und legt damit eine Spur dieser Botschaft, die überall dort aufleuchtet, wo Menschen in seinem Sinn zu lieben versuchen, den Wohlgeruch des Evangeliums verbreiten, wie Paulus sagen wird.

Und diese Liebe hat viele Namen und der Wohlgeruch hat viele Varianten. Er ist zu erkennen in der Zärtlichkeit und Sorge der Eltern für ihre Kinder, und in der Liebe zwischen zwei Menschen, Ehepartnern oder Freundinnen und Freunden. Und er heißt Freiheit und Menschenwürde, für die Menschen kämpfen, und heißt Diakonie, wo sie sich um die Armen bei uns kümmert, und heißt ‚Ärzte ohne Grenzen‘ oder auch 'Brunnen in der Wüste' ein Missionsprojekt im Südsudan, wo immer Menschen mutig und ohne Berechnung sich einsetzen.
Und diese Liebe hat Hände, die einen Kranken pflegen, und hat eine Stimme, die sich einmischt, wo andere ‚fertig‘ gemacht werden, auf dem Schulhof, im Internet oder wo immer das geschieht.
Sie begegnet uns in der Münze der unscheinbaren, namenlosen Geste, wo wir selbst von solcher Liebe berührt werden, Menschen uns Gutes tun, ohne Berechnung, was es bringt. Es ist die Zeit, die einer mir schenkt, mir zuhört, die nachbarschaftliche Hilfe, wo nicht nach der Bezahlung gefragt wird.

Es ist vielmehr Liebe, vielmehr Gott in der Welt, als wir wahrnehmen, weil unser Blick sich so leicht von den Schrecken und Ängsten und bedrohlichen Bildern einfangen lässt.

Es ist vielmehr Liebe,
vielmehr Gott in der Welt,
als wir wahrnehmen

Darin aber kann diese namenlose Frau so etwas wie eine Lehrmeisterin sein, ja zur Gesprächspartnerin werden, den Blick auf die Spur Gottes in unserer

Welt zu lenken. Sie kann uns anregen und ermutigen, selbst aus dieser Quelle zu schöpfen, und in unseren Worten, in unserem Handeln solche Liebe zu wagen, diese Liebe in die Welt strömen – verschwenderisch, frei, mutig.

Das Wunder und zugleich auch das Geheimnis ist, dass die Quelle, aus der wir solchen Mut, solche Freiheit schöpfen, unerschöpflich ist, und dass sie in uns selbst, wie Jesus zu jener Frau am Brunnen sagt – *'zur Quelle wird, die ins ewige Leben fließt'*. Amen

Du unser Gott in Jesus Christus,

mitten zwischen die Spuren
der Gewalt und der Gier der Macht,
der Angst und der Feigheit,
legst du die leuchtende Spur der Liebe,
verschwenderisch und mutig.
Wir selbst haben teil daran mit unserem
Reden und Handeln
und mit unserem Gebet
darauf hoffen wir.
Amen

Du unser Gott, Jesus Christus,

in deinem Licht sehen wir das Licht,
in deiner Gegenwart
wird unser Leben hell.

Das ist es,
was uns zu dir zieht,
wonach wir uns sehnen,
dein Licht,
das einbricht in unser Dunkel,
das unsere Hoffnung stärkt,
das uns den Weg weist
zwischen den vielen Lichtern.

Wir bitten dich,
lass uns neu
auf das Licht sehen,
das über uns aufgegangen ist,
und deinem Wort trauen,
das unser Leben hell macht.
Amen

Vom Glanz Gottes im Alltag

Jesaja 60,1-5
Epiphanias

Liebe Gemeinde,
Unser heutiges Predigtwort steht beim Propheten Jesaja in Kapitel 60

1 Mache dich auf, werde licht; denn dein Licht kommt, und die Herrlichkeit des HERRN geht auf über dir!
2 Denn siehe, Finsternis bedeckt das Erdreich und Dunkel die Völker;
aber über dir geht auf der HERR, und seine Herrlichkeit erscheint über dir. 3
3 Und die Heiden werden zu deinem Lichte ziehen und die Könige zum Glanz, der über dir aufgeht.

4 Hebe deine Augen auf und sieh umher: Diese alle sind versammelt und kommen zu dir. Deine Söhne werden von ferne kommen und deine Töchter auf dem Arme hergetragen werden.
5 Dann wirst du deine Lust sehen und vor Freude strahlen, und dein Herz wird erbeben und weit werden, wenn sich die Schätze der Völker am Meer zu dir kehren und der Reichtum der Völker zu dir kommt. (Jesaja 60, 1-5, Luther 84)

Weihnachten ist vorbei, mit dem Erscheinungsfest endet die Festzeit, die Zeit des Lichts und der Lichter in den Straßen, an und in den Häusern. Noch einmal brennen die Kerzen am Baum, der Lichterrausch an Silvester ist noch vor Augen, farbig und laut, die Sternenregen, die ins Dunkel sprühen, für einen Augenblick die Landschaft in ein buntes Licht tauchen, ehe sie in sich zusammenfallen – schön war's, und viel ‚ah' und ‚oh' – freilich, am Ende ist es wieder dunkel, die Menschen müde.

Wie anders der Sonnenaufgang am Neujahrsmorgen, wenn wie in diesem Jahr die erste Dämmerung über den letzten Rauchschwaden rosa aufschimmert, und dann, wenn die Sonne sich über den Horizont erhebt und die Landschaft in ihr Licht taucht, und ich selbst in dieses Licht getaucht werde, - ‚wie unter eine Lichtdusche', sagte eine Bekannte -, und dieses Licht sich im Gesicht spiegelt, mich selbst zum Leuchten bringt, und ich zu meiner Frau, wenn wir morgens manchmal am See sitzen, sagen kann ‚Du leuchtest'.
‚Steh auf, werde licht, denn dein Licht kommt und der Glanz Gottes geht auf über dir!'

ein Licht, das nicht wir entzünden,
das über uns aufgeht
wie die Sonne am Morgen,

Das ist das Bild, in das uns das heutige Predigtwort taucht, heute an Epiphanias, am Erscheinungsfest, ein Licht, das nicht wir entzünden, das über uns aufgeht wie die Sonne am Morgen, das nicht nur hell macht, so dass man etwas sieht, sondern das uns berührt, spürbar als Wärme im Gesicht, spürbar bis nach innen, wohltuend. Und es lässt aufleben, als ob man das Licht einatmet, so dass der Schritt in den Tag kraftvoller und zuversichtlicher wird.

Das ist die Bewegung, das ist das Bild, das in diesen Worten des Propheten Jesaja aufscheint, ‚der Glanz Gottes geht auf über dir' und ich bin so kühn, dieses du, - damals zum Volk Israel gesprochen - über die Jahrtausende weg uns zuzusprechen. Uns, Ihnen und mir gilt dieses Licht. So ,stelle ich mir vor, geht dieses Licht, geht Gott auf über uns – über unserer Lebenslandschaft mit all dem, was da zum Vorschein kommt an Schönem und Guten, was uns mit Dank erfüllt, und auch mit all dem, was sich da an Finsternis und Schatten und Halbschatten verbirgt.

Denn gerade die Erfahrung der Finsternis macht das Licht so kostbar. Manche werden solche Nächte kennen, in denen man sehnsüchtig auf diesen ersten Schimmer der Dämmerung hofft und das lähmende Sorgenkarussell, der nächtliche Spuk, sich nicht mehr weiterdreht.

Denn gerade die Erfahrung
der Finsternis
macht das Licht so kostbar.

Und es gibt andere Nächte, auf die der Prophet schaut, *‚siehe Finsternis bedeckt das Erdreich und Dunkel die Völker‘.* Damals in den Trümmern der zerstörten Stadt Jerusalem um 530 vor Christus, als die Finsternis der Jahre in der babylonischen Fremde noch in den Knochen saß, und der Wiederaufbau der Stadt nur schleppend vorankommt.

Und sie zieht sich durch die Geschichte hindurch, die Finsternis und das Dunkel über den Völkern, bis heute. Und manchmal will scheinen, als ob die Finsternis und das Dunkel nicht ab- sondern zunehmen.
Wenn die Machtgier immer neu ganze Völker ins Dunkel stürzt, in Unmündigkeit und Unterdrückung. Sie zeigt sich immer neu, wie etwa dort, wo die Menschenverachtung Frauen gegenüber sich ungebremst austobt – nicht nur in Indien, wo es uns in diesen Tagen so erschreckend vor Augen geführt wurde – Vergewaltigungen, die alle Kriege begleiten, Zwangsprostitution auch bei uns.

Manchmal kann einen der Mut verlassen, was 2000 Jahre Christentum wirklich bewirkt haben. Und man könnte oder möchte wie damals die Leute in Jerusalem resignieren und sagen, wie es die Leute in Jerusalem wenige Verse vorher tun: *‚Wir harren auf das Licht, siehe es ist finster, auf Helligkeit und siehe wir wandeln im Dunkeln. Wir tasten an der Wand entlang wie die Blinden und tappen wie die, die keine Augen haben.‘(Jesaja 59,9.10).*

‚Steh auf, werde licht, dein Licht kommt, der Glanz Gottes geht auf über dir‘

ruft ihnen der Prophet entgegen. Und fängt mit seinen Worten dieses Licht ein wie mit einer Fackel. Und er lenkt damit den Blick auf das Licht, das von Anbeginn über dieser Welt leuchtet, aus dem letztendlich alles Leben entstand und entsteht. *‚Finsternis bedeckt das Erdreich und Gott sprach: es werde licht. und es ward licht‘.* So beginnt die Schöpfungsgeschichte.
Daran erinnert der Prophet und hält seine Worte hoch, so dass sie aufleuchten, ja aufstrahlen, eben wie eine Fackel Denn in diesem Licht sehen wir das Licht, in seinen Worten leuchtet das Licht auf bis zu uns heute hier in dieser Kirche in Manzell,
Und es ist und wird bewahrt in den Worten selbst. Wo immer sie gesprochen werden, sind sie selbst wie ein Sonnenaufgang, wie eine 'Lichtdusche'.
Dieses Licht leuchtet in dem Stern, der die drei Weisen auf den Weg schickt, und über dem die Engel singen: ‚Frieden auf Erden und Gottes Wohlgefallen über den Menschen‘.

Und es leuchtet auf an jenem Ostermorgen, als die Sonne über dem Grab aufgeht, und wird zum Hoffnungswort, das die Menschen einander zurufen: ‚Christus ist auferstanden‘.
Und es leuchtet in die Finsternisse der Geschichte unauslöschlich als Hoffnungslicht, das seine Lichtspur durch die Geschichte zieht in unendlich vielen Lichtfunken und Hoffnungsworten.

> Und es leuchtet in die Finsternisse der Geschichte unauslöschlich als Hoffnungswort.

Es ist wie in jener Geschichte von dem Stern, der nicht mehr leuchten wollte, der müde geworden war – eine Kindergeschichte – ‚und Gott erlaubt ihm, sich in den Ruhestand zu verabschieden, aber noch einmal sollte er leuchten so hell er kann. Und er steht über dem Stall, und er leuchtet und leuchtet mit letzter Kraft, ehe er zerspringt und in unzähligen Funken auf die Erde fällt, dahin und dorthin. Und seitdem leuchtet er als lebendige Funken in den Augen der Menschen, und – so erzähle ich dann die Geschichte weiter – man kann ihn sehen, ‚schaut nur in die Augen von Eurem Nachbarn, und ihr werdet das Funkeln des Sternes entdecken‘.

Es ist nicht nur eine Kindergeschichte, es ist die Geschichte Gottes in unserer Welt, der Mensch geworden ist und der Mensch werden will in uns. Der sein Licht zwischen uns aufgehen lässt in den Hoffnungsworten und Hoffnungstaten, die sich nicht auf der großen Bühne im Scheinwerferlicht der großen

Show ereignen, sondern zwischen uns, im Maß des Menschlichen, wo immer wir den Lichtfunken in den Augen eines anderen Menschen entdecken.

Er ist zu entdecken auch dort, wo wir von dem Schrecken und Dunkel geblendet sind, er ist selbst in den Straßen von Damaskus zu sehen, wo – so eine Szene im Fernsehen - ein Nachbar ein Kind zwischen den Gewehrschüssen ins Haus rettet. Oder in Indien, wo Menschen gegen die Vergewaltigungen auf die Straße gehen und protestieren.

Näher zu uns: Dieses Licht ist zu entdecken, wo Menschen sich einsetzen, um Frauen bei uns aus den Fesseln der Zwangsprostitution zu befreien, in den Frauenhäusern, wo Frauen und Mädchen Schutz finden vor der Gewalt von uns Männern. Oder auch anders, wo ehrenamtlich Engagierte Demenzkranke besuchen, mit ihnen die vertrauten Volkslieder singen und dieser Lichtfunke in den Augen der Kranken aufglimmt und leuchtet.

Und noch näher: Er leuchtet auf, wo der freundliche Blick des Nachbarn und sein ‚wie geht's?' es ein wenig hell werden lässt, wo ein Anruf zu Weihnachten eine längst vergessene Beziehung aktiviert, wo – und jetzt fügen Sie die Szenen ein, wo der Sternenfunken, das Licht Sie berührt hat in diesen Weihnachtstagen oder über den Jahreswechsel.

Das Licht scheint jetzt,
in dieser Welt,
in unserem Alltag.

Es geht nicht darum, dass nun alles endlich besser wird, es geht darum, wahrzunehmen und zu daran fest zuhalten: Das Licht scheint in der Finsternis, jetzt, in dieser Welt, in unserem Alltag.

Dazu braucht es freilich immer wieder die Erinnerung daran, braucht es solche Prophetenworte. Dazu braucht es die Vision, nach der wir uns ausrichten, und die Sehnsucht nach dem Licht, die uns auf den Weg bringt.

Dann kann der Blick auch weit werden, und die Vision hell und träumerisch, so wie es der Prophet seinen Landsleuten vorträumt: Alle sind versammelt in diesem Licht, und sie teilen miteinander, was sie haben, die Reichtümer und die Armut, die Ängste und die Hoffnungen. Alle stehen in dem Licht, im Glanz dieses Lichtes, im Glanz Gottes.

Und er wird zugleich lebendig und erfahrbar in unserem Alltag im Maß des Menschlichen,
in dem Licht, das ich in den Augen der Anderen entdecke,
in dem Friedenswort, das ich in die Gespräche streue,

in der Hand die ich zu Anderen hin ausstrecke
und zutiefst in dem Wort, von dem ich mich erleuchten lasse – herztief.

Wie oder wo immer Sie in diesen Tagen am Morgen die Sonne begrüßen, und die Lichtstrahlen nach und nach die Nacht um Sie her vertreiben, so lassen Sie sich davon berühren und daran erinnern:
‚Die Herrlichkeit Gottes, der Glanz Gottes geht auf über dir! Steh auf, brich auf, werde licht. Dein Licht kommt.' Amen

Du unser Gott Jesus Christus,

wir danken dir,
dass dein Licht, dein Glanz über uns aufgegangen ist,
unauslöschlich,
dass du mit jedem Anbrechen eines neuen Tages
uns an dein Licht erinnerst,
das leuchtet
noch hinter Wolken,
das leuchtet,
auch wo uns das Dunkel überschattet,
das leuchtet,
ohne unser Zutun.

Stärke unser Vertrauen in dich,
selbst das Licht zu spiegeln,
Licht zu sein und Mut zu machen,
wo Mutlosigkeit die Kräfte lähmt,
Hoffnung zu wecken, wo nichts mehr erwartet wird,
und die Erinnerung wach zu halten an dich,
das Licht der Welt.

Deshalb hoffen wir und beten wir für alle Menschen,
um die es dunkel ist,
Kinder, die sich ängsten,
Frauen und Mädchen,
die missachtet und missbraucht werden,
Kranke, die von Schmerzen gequält werden,
Menschen, die hungern,
die in Angst vor Krieg und Gewalt leben.
Brich auf mit deinem Licht über dieser Welt,
brich ein mit deinem Frieden
in die Köpfe und Herzen der Menschen.
Mach wahr deine Verheißung über uns.
Darum bitten wir dich im Namen Jesu Christi.
Amen

zu Psalm 121

Du unser Gott in Jesus Christus,

so umgibst du uns,
behütest uns
rund um die Uhr,
nichts geschieht ohne dich
in allem bist du gegenwärtig.

Unfassbar für uns
und nicht zu verstehen
angesichts all des Unheils in dieser Welt,
angesichts unserer eigenen Widersprüche.

Und doch ist es unser Trost
unsere Hoffnung,
dass es so ist,
und du nicht schläfst
und über uns wachst
und uns behütest
heute und immer.
Amen

Lass leuchten dein Angesicht über uns

4. Mose 6, 24-26

Liebe Gemeinde,

Viele von Ihnen werden die Szene kennen – Eltern im Besonderen: Man steht am Bettchen eines Kindes, ein paar Wochen, einen Monat alt, beugt sich über das Kind, es schläft, wacht auf, und ein Strahlen geht über das Gesichtchen. Es erkennt – so können wir vermuten - das vertraute Gesicht, das da über ihm aufgeht wie die Sonne und ihm das Gefühl gibt, ‚es ist gut, alles im grünen Bereich, ich bin sicher, geborgen und behütet.'

Liebe Gemeinde, das ist die Urszene des Segens, wie er uns aus unseren Gottesdiensten vertraut ist: Gottes Antlitz geht auf über uns. ER lässt sein

Angesicht leuchten über uns. ER segnet uns und behütet uns und ist uns gnädig. Gott ist uns gut, sieht uns an mit guten Augen.
So wie der mütterliche, väterliche Blick auf dem Kind ruht mit allem, was dazu gehört, das Lächeln und das Schreien, der Hunger und die volle Windel, die tastenden Bewegungen, sich das Leben zu erobern und die Sorge, wenn etwas nicht stimmt.
Und was für den Säugling das Bettchen oder die Wolldecke sind, auf der es strampelt, das ist für uns der ganze Lebensraum, das Leben, in dem wir uns bewegen, und was zu diesem Leben gehört, das Glück und das Leid, die Mühen und die Anstrengungen, es gut zu machen, erfolgreich zu sein und die Misserfolge und die Katastrophen, auch die, die wir selbst verursachen.

Über all dem gilt:
Der Herr segne dich und behüte dich; der Herr lasse leuchten sein Angesicht über dir und sei dir gnädig; der HERR hebe sein Angesicht über dich und gebe dir Frieden.

Ein kostbares Geschenk, dieser Zuspruch, nicht nur am Ende des Gottesdienstes. Nur schwer in Worte zu fassen, was da geschieht, diese Berührung, die von den Ohren bis in unsere Tiefe reicht, herztief.

> Manchmal kann es sein, dass es nur dieser Segen ist, den wir aus einem Gottesdienst mitnehmen

Manchmal kann es sein, dass es nur dieser Segen ist, den wir aus einem Gottesdienst mitnehmen, die Vergewisserung, das Gefühl ‚es ist gut', eine Welle der Kraft, die Ermutigung für die nächsten Schritte. Manchmal mag es auch sein, dass es nur Worte sind, die vorbeirauschen, aber dann gibt es ein nächstes Mal, und wir erfahren neu und berührend den Zuspruch.

Was so unverzichtbar zu unseren gottesdienstlichen Feiern gehört, das hat eine lange Geschichte, und ist ein Geschenk des Volkes Israel an uns. Denn diese Worte wurden, was viele nicht wissen, nicht von Theologen formuliert, sondern sie stehen so wörtlich in der Bibel. Sie sind erwachsen aus der Glaubensgeschichte des Volkes Israel in vielfältigen Erfahrungen bis sie in dieser Gestalt im 4. Buch Mose um 500 v.Chr., mitten zwischen Gesetzen und Anordnungen ihren Platz gefunden haben. Erst Martin Luther hat sie als Abschluss des Gottesdienstes eingeführt.

Ich lese das Predigtwort aus dem 4. Buch Mose:
22 Und der HERR redete mit Mose und sprach:
23 Sage Aaron und seinen Söhnen und sprich: So sollt ihr sagen zu den Israeliten, wenn ihr sie segnet:
24 Der HERR segne dich und behüte dich;
25 der HERR lasse sein Angesicht leuchten über dir und sei dir gnädig;
26 der HERR hebe sein Angesicht über dich und gebe dir Frieden.
Mose 6, 22-26 (Luther 1984)

Das ist der Auftrag, diesen Segen zuzusprechen, immer neu – Damals über dem Volk Israel - über all den Wegen und Irrwegen, der Fremdherrschaft in Ägypten, der wundersamen Befreiung und über 40 Jahren Wüstenwanderung; über dem Glück des gelobten Landes und all den Katastrophen, die folgen – über all diesen Wegen leuchtet das Angesicht seines Gottes auf, und erinnert an ihn als den, als der er sich immer wieder zu erkennen gegeben hat: Der, der segnet, der mitgeht, der zu ihnen spricht vom ersten Menschen an im Paradies bis zu den Propheten. Und der noch in den selbstverschuldeten Krisen nichts als Gutes will, Gutes spricht. Das hebräische Wort *‚barach' segnen* wird im Lateinischen übersetzt mit *‚benedicere'* – gut sprechen, Gutes zusprechen.

Das hebräische Wort *‚barach' segnen* wird im Lateinischen übersetzt mit *‚benedicere'* – gut sprechen, Gutes zusprechen.

Und da ist alles das schon enthalten. Gut ist, was dem Leben dient, und ist doch mehr als nur **etwas** Gutes, Jesus sagt: ‚Was nennt ihr mich gut, weil ich Gutes tue', nur Gott ist gut – Gott selbst spricht sich uns zu in diesem Segen. So will er mit mir sein, nicht nur hin und wieder etwas Gutes vom Himmel fallen lassen, sondern er will mit uns sein.
Immer geht es in unserem Glauben um Beziehung, um Zuwendung, um Dasein und Mit-sein auf meinen Wegen durch dieses Leben.

Eine Form dieses Mitgehens ist sein ‚Behüten': *Er segne dich und behüte dich.*
Da öffnen sich die Bilder des Schutzes, des guten Hirten, der guten Mächte und der Schutzengel, die auch jenseits der Kirchenmauern beschworen werden. Und sie berühren hinter allem Kitsch unsere Bedürftigkeit, weil wir keineswegs so sicher sind auf unseren Wegen wie wir gerne tun. Sie berühren den Wunsch, dass da einer sein möge, der mit geht und mit wachsamen und

zugleich gütigen Augen auf uns schaut und nicht nur schaut, sondern eingreift, bewahrt, das Leben behütet. Gerade weil das Leben so gefährdet, so verletzlich ist, wie uns an den Kindern immer wieder bewusst wird, ist dieser Wunsch umso tiefer in uns, dass da einer sei, der behütet, wo wir es nicht vermögen.

Dass Da einer sei, der sein Angesicht leuchten lässt über uns, wo wir uns nicht gesehen, nicht wahrgenommen, vergessen erleben, oder nur die kritischen Blicke auf uns fühlen. *‚Er lasse sein Angesicht leuchten über dir‘*. Wir werden eingehüllt in das Leuchten Gottes, ins Licht gestellt, wie eine Lichtdusche, die uns durchströmt und überströmt. Wie das auch sein kann, wenn uns jemand zulacht oder zulächelt und uns dieser Blick berührt und selbst lächeln lässt. In einem Gebet formuliert Romano Guardini das so: 'Immerfort blickt mich dein Auge an, und ich lebe aus deinem Blick‘.
Das ist gerade nicht der detektivische Polizeiblick, vor dem ich mich verstecken möchte, dem ich nicht entkommen kann, sondern der liebevolle Blick, dem nichts Menschliches fremd ist, mehr noch, in dem ich sein darf, wie ich bin. Der liebevolle Blick, der gerade um die Mühen und die Versäumnisse, die Tricksereien und die Schuld weiß.

Deshalb folgt dem leuchtend zugewandten Angesicht der Zuspruch *‚und sei dir gnädig‘*.
Denn dort brauchen wir den gnädigen Blick besonders, wo die dunklen Seiten und die Stellen sind, wo wir niemand sonst hinschauen lassen, wo wir mit uns selbst hadern, wo wir - wie es Martin Luther einmal sagt - den Schweinehund in uns bekämpfen und ersäufen möchten, und ernüchtert feststellen: Das Biest kann schwimmen.
In diesem Blick wird mir auch bewusst, wie sehr ich das Gute oft nicht tue, vielleicht gar nicht will und über mich erschrecke, und entweder in Selbstmitleid versinke, weil ich es wieder und wieder nicht schaffe, oder die Schuld dann eben bei Anderen suche, die mir das Leben schwer machen.

Da stellt mich dieser Segen vor Gott, der *‚sein Angesicht auf mich hebt‘*. Das klingt verwirrend, zumindest unklar – Martin Buber übersetzt: er hebt sein Angesicht mir zu. Das ist diese Bewegung, wo ich den Kopf hebe und mein Gegenüber auf Augenhöhe anschaue, von Angesicht zu Angesicht, der offene Blick, in dem ich mit dem oder der Anderen in Beziehung trete, nicht nur hinschaue, sondern anschaue: das bin ich, das bist du – wir.
Das ist die Stelle in dem Segenswort, wo aus dem Gefälle schräg von oben

eine Partnerschaft wird: du Gott und ich Mensch. Du mir Gegenüber.
Wo aus der geduckten, gekrümmten Haltung der aufrechte Gang wird, und das heißt, wo ich die Verantwortung übernehme für mich, für mein Leben. Da bin ich angesprochen als dieser Mensch mit dem mir eigenen Namen, mit dem mir eigenen Lebensauftrag. Das ist der Segen, wie er uns in der Taufe zugesprochen wird.

Aller Segen mündet ein in den Frieden, in den Schalom Gottes ‚..und gebe dir Frieden', seinen Schalom – das ist das Ziel, das schon im ersten Satz anklingt: Einbezogen, eingeborgen zu werden in den Schalom Gottes; teilzuhaben an dieser Vision einer Welt, in der 'Mensch und Gott' und 'Mensch und Mensch' und 'Mensch und Schöpfung' im Einklang sind, wo jeder so viel hat, wie er braucht; teilzuhaben an dem Frieden Gottes, in dem das Leid nicht mehr sein wird, und Gewalt und Unterdrückung und Angst ein Ende haben, wie das in den großen Visionen der Propheten beschworen wird, wenn Schwerter zu Pflugscharen umgeschmiedet werden und Wölfe und Lämmer miteinander weiden (Micha 4,3; Jesaja 65,25)

Diesen Frieden, Gottes Schalom
machen nicht wir –
er ist Gottes Sache,
Gottes Verheißung.

Diesen Frieden, Gottes Schalom **machen** nicht wir – er ist Gottes Sache, Gottes Verheißung, Gottes Geschenk.

Genau daran erinnert die biblische Geschichte, in die diese Segensworte eingebettet sind, dass der Segen Gottes, in dem dieser Friede, der Schalom Gottes zugesprochen wird, Gottes Sache ist und bleibt. Ich kann ihn mir nicht selbst zusprechen. Wie seltsam das klingt: Ich segne mich, ich behüte mich…geht nicht!
Ein Anderer spricht ihn mir zu, gibt ihn mir mit – und doch ist es nicht sein Segen, wie wir manchmal sagen ‚meinen Segen hast du' – sondern vielmehr *‚Ihr sollt meinen Namen auf das Volk legen, dass ich sie segne'.*

Aller Segen schöpft seine Kraft
aus diesem Segensgrund,
aus dieser Segensfülle,
aus Gott.

Aller Segen schöpft seine Kraft aus diesem Segensgrund, aus dieser Segensfülle, aus Gott.
Und wir sind es, die daraus schöpfen, schöpfen dürfen, schöpfen sollen – ei-

nander segnend zu begegnen. Gott gibt sich mit seinem Segen in unsere Hände, in unsere Worte und verbindet uns so miteinander als Gesegnete. Denn sein Segen, der mir ganz persönlich und zu eigen, herztief gilt, der gilt auch dem Menschen neben mir und verbindet uns als so Gesegnete – auch du bist gesegnet, auch du!

So stärkt der Segen, weil aus Gottes Händen fließend, unsere Liebe untereinander, er öffnet uns einen neuen Blick füreinander und stärkt so unsere Gemeinschaft.

Für einen Augenblick nehmen wir uns Zeit, und ich möchte Sie einladen, Ihre inneren Augen, Ihr Gesicht einem Menschen zuzuwenden, dem Sie so den Segen zusprechen möchten. (Kurze Zeit der Stille)
So segne uns alle Gott, der Vater, der Sohn und der Heilige Geist. Amen

Du unser Gott.

so bist du mit uns und um uns,
uns segnend und behütend,
stellst uns in dein Licht,
hältst fest an deinem Frieden für uns alle-
trotz aller Widersprüche,
trotz aller Zerstörung des Friedens,
trotz aller Irrwege und Schuld.
Gott,
deinem Segen wollen wir neu vertrauen,
dein Angesicht suchen,
und selbst lebendige Zeichen deines Segens sein
mit unseren Händen,
mit unseren Worten,
mit unserem Leben.
Amen

Inhalt
nach Textstellen

Übersetzungen:

Luther 1984 - Bibeltext in der revidierten Fassung 1984
Luther 2017 - Bibeltext in der revidierten Fassung 2017
beide herausgegeben von der Evangelischen Kirche in Deutschland
Gute Nachricht – Die Gute Nachricht, Deutsche Bibelgesellschaft 1982
NGÜ – Neue Genfer Übersetzung
Genfer Bibelgesellschaft, Romanel-sur-Lausanne, 2. Auflage 2009

Printed by Books on Demand GmbH, Norderstedt / Germany